金拱向东

[美]詹姆斯·华生 主编

祝鹏程 译

麦当劳在东亚

Golden Arches East

McDonald's in East Asia, Second Edition

ZHEJIANG UNIVERSITY PRESS

浙江大学出版社

目录

第三章　麦当劳在台北：汉堡、槟榔和身份认同

附录　作为政治标靶的麦当劳：
20世纪的全球化与反全球化

前言

詹姆斯·华生（James L. Watson）

在全书的开头，有必要介绍一下这项研究的缘起。为什么我们选择了快餐作为研究对象？为什么这五位人类学家要致力于麦当劳在东亚的研究？对于大多数人来说，这似乎并不属于人类学的研究课题。

我必须承认，这项研究不是我主动的意向，而是时势使然。自从 1960 年以来，我和夫人鲁比·华生（Rubie Watson）*一直在香港新界开展田野调查，考察人类学者向来关注的宗族组织、继承形式、祖先崇拜、风水文化与大众宗

---

* 译注：鲁比·华生：中文名华若璧、华屈若璧，哈佛大学人类学系资深教授，主要从事东亚文化遗产、农村社会、女性地位、家庭变迁的研究，出版有《兄弟并不平等：华南的阶级和亲族关系》等著作。

教。每年，我们都与接待我们的家庭（包括我们的两个干儿子）去元朗这个繁华都市中的小镇吃港式茶点。1989 年 1 月，我们又照例来到这里，我们的香港朋友建议："去个新的地方吧，孩子们喜欢在那儿吃。"

下了出租车后，我发现，矗立在眼前的是一栋闪亮而庞大的三层麦当劳餐厅。我的第一感觉就是迷失了方向：我身处何地？我低声向妻子嘀咕："大老远从波士顿飞来，竟然是为了吃麦当劳！"当然，最后我们还是去了。而且，此后每年到香港，我们都会去麦当劳。在我的香港干儿子那代人的生活中，麦当劳是一个极为重要的地方。他们被麦当劳所改变，也被麦当劳以更具创造性的方式所吸引。

数次到访元朗的麦当劳后，我认识到，这一现象如此显著，以至于我们不能忽视它，必须对它做出阐释。我邀请四位同事参与进来，展开对五个东亚地区的比较研究。在讨论中，他们都表现出了同样的感受，惊异于快餐产业如此深刻地影响到了周围人们的生活。

正如读者所知，麦当劳的金色拱门几乎被公认为国际化商业和大众文化的标志。96% 的美国儿童熟知麦当劳[*]，香港

---

[*] *Welcome to McDonald's*, 1996, McDonald's Corp., McD 5-2940, p. 36.

和东京的比例同样居高，北京也在迎头赶上。

毫无疑问，很多人对麦当劳有着明确的看法，并假设任何一个有思考能力的个体都秉持相同的态度。比如，环境主义者和政治激进分子们宣称麦当劳是邪恶的象征。美国的知识分子把麦当劳贬斥为一种使文化同质化（cultural homogenization）的帮凶。我的一些学界友人甚至否认他们曾踏入麦当劳一步。那些承认去过这一"禁地"的则声称是被孩子所迫，并严肃地辩解其实他们并不喜欢那儿的食物。*其他美国人，尤其是那些处于最低收入线上的工薪阶层，却把麦当劳当作上帝的恩赐——那是他们的另一个家，仅花不到10美元就能获得全家的温饱。而在另外一些国家和地区，麦当劳就是等同于美国，体现了美国佬式（Yankee）的帝国主义。如1994年11月4日，《纽约日报》报道："为了反对《加利福尼亚州第187号法案》**，今天墨西哥市约有40个蒙面歹徒洗劫了麦当劳"，"还有人把'美国佬滚回去'的口号贴在麦当劳的玻璃窗上"。

---

* 96%的美国人至少光顾过一次麦当劳；8%的美国人每天光顾麦当劳。Ibid., p. 15.

** 译注：《加利福尼亚第187号法案》由加利福尼亚州政府于1994年颁布，该法案试图建立州一级的公民资格审查系统，并禁止非法移民享受健康、公共教育与其他社会福利。由于加州有大量墨西哥非法移民，该法案受到了墨西哥民众的抗议。1999年，法案被废除。

在本书中，我们把麦当劳视为一个具有研究价值的对象，也就是说，不做价值上的预设。这一做法是有风险的，它冒犯了学界对"人类学正确"（anthropological correctness）的维护。当我们在1994年的美国人类学会年会上发表初期研究成果时，就有一个资深学者质疑了我们的动机：你们难道不是在替企业做宣传吗？另一个则尖锐地质疑了研究经费的来源。我可以明确地说，我们没有从麦当劳公司及其东亚加盟者那里拿到一分钱的资助，我们从没向麦当劳筹款，也没有接受他们提供的任何资金。所有的研究者也不曾受雇于麦当劳或其他快餐公司。我们的研究经费全来自尽管捉襟见肘，但仍长期资助东亚人类学田野调查的学术机构。读者自能从每篇文章的注释中发现蛛丝马迹。

认为麦当劳这类企业不值得深入研究的偏见，不仅有精英主义之嫌，也会束缚我们学科的发展。人类学者一直自豪于对全世界重大文化转型实践的研究。我常向研究生们重复这样的老生常谈："田野调查意味着你必须和大家住在一起，做一样的事情，去一样的地方。"如今，在全世界范围内，越来越多的人去麦当劳用餐，光临商厦、到超级市场和影碟店购物。如果忽视了这些，人类学家将很快失去存在的理由。

在我看来，近来的理论风尚削弱了人类学家对普通人的兴趣与关注。而这本书则致力于扩展人类学的范围，将其重新定义为日常生活研究，所以，我们把研究放在了人类最基本的需求——食物上。要告诉读者的是，食物只是其中一环而已。对于麦当劳、可口可乐、雀巢、家乐氏（Kellogg's）、肯德基和亨氏的研究把人类学家引向了新的天地，一个由商学院、证券企业和国际咨询公司所主导的世界。在研究公司文化时，人类学家能创造出兼顾专业素养与大众兴趣的方式吗？我们的解决方案，是从日常的视角关注普通民众——那些享用麦香堡、可口可乐、玉米片的消费者。借助这一策略，人类学家可以把对特定社区或族群的微观研究与经济学、社会学、政治学的宏观或全球化研究结合起来。不过，这种全球化的议题在本质上是魅惑而有陷阱的，学者很容易浮光掠影地考察一些文化的外在现象，却忽略了像麦当劳这样的企业对民众生活的直接影响。有鉴于此，本书体现了一种有意识的追求，把全球（global）置于地方（local）之中。简单地说，我们的目标是探讨麦当劳的世界性体系（system）是如何适应这五个地方社会*的本土环境的。

此前，学界对快餐业的研究多集中于生产（production）

---

* 即北京、香港、台北、首尔与日本。日本的情况和其他地区不大一样，因此并未以东京为唯一样本，仅在谈及具体地点时才可能将区域限制在东京，如本书 p.27。

上，重视的是管理与劳动者。相关的出版成果就像一场保守派与自由派之间的论战：一边坚称麦当劳是工作与就业的创造者，另一边则指责它剥削员工和浪费资源。本书作者尽可能多地访谈了麦当劳的经理与员工，也广泛阅读了关于快餐业的文献。但我们首要关注的是快餐业的另一个领域——消费（consumption）。消费者们如何评价麦当劳？对于付钱消费的人而言，快餐意味着什么？消费者的喜好、偏见与文化倾向如何影响到生产体系？对于大多数读者而言，这样的方法似乎没有什么新奇；在研究伊始，我们也这样想。然而，随着考察的深入，我们发现，大多数研究快餐业的学者都没有从消费者的视角来看问题。文学评论家、大众文化学者、媒介分析专家只专注于谈论他们自己对快餐产业链的看法，宁可"自问自答"，也不愿和那些在麦当劳用餐的人对话。而商业界的学者则只关心麦当劳的管理与企业精神，把所有精力放在对高层管理的研究上。普通消费者偶尔会被提起，但总体而言，他们仍隐没于后台。

目前，研究麦当劳最好的书分别是罗宾·莱达（Robin Leidner）的《快餐，快谈》（*Fast Food, Fast Talk*）与约翰·洛夫（John Love）的《麦当劳：金拱之后》（*McDonald's: Behind the Arches*）。我们从这里和其他研究中获益甚多，但本书所采取的方法又有明显的不同，即我们的第一手资料多数来自对消费者的访谈。作为人类学家，我们让人们用自己的话语方式来表达自我。我们同时关注消费者的身体语言和主导餐厅互动的公共行为规范，在其他地区的调查告诉我们：行为常常比语言更具说服力。在协作中，我们也对传统人类学方法做出了调整，整个团队不像一般人类学家那样单独研究，而是讨论制定一系列相同的问题，并通过传真与电子邮件保持常规联系。在首尔的洞见有助于我们在香港和台湾的调查；而北京的"麦当劳阿姨"现象则促使我们深入研究企业语境中对亲属称谓的运用。五位研究者都有在当地调查的经历（有三位的调查年限甚至超过了25年）。

作为本书的编者，我要感谢以下人士的帮助、鼓励与学术支持：梅丽莎·考德威尔（Melissa Caldwell）、伯纳丁·齐（Bernadine Chee）、张展鸿（Sidney Cheung）、肯尼思·乔治（Kenneth George）、玛利斯·吉利特（Maris Gillette）、杰克·格雷泽（Jack Glazier）、景军（Jing Jun）、廖迪生（Liu Tik-sang）、罗力波（Eriberto Lozada）、霍里林奇（Holly Lynch）、潘天舒（Pan Tianshu）、托马斯·罗斯基（Thomas Rawski）、玛丽·丝黛莉（Mary Steedly）、安·华生（Anna Watson）、帕蒂·华生（Patty Jo Watson）、理查德·华生

（Richard Watson）与鲁比·华生（Rubie Watson）。潘·索玛（Pam Summa）在文本编辑上作出了杰出的贡献，并全程协助了研究，本书的作者都应向她致谢。穆里尔·贝尔（Muriel Bell）的专业建议和对细节的处理使本书增色不少。特别要感谢我的两个干儿子：邓志鹏（Teng Chin-pang，音译）与邓志鸿（Teng Chin-hong，音译），没有他们提供的灵感，这项研究根本不会产生。当然，上述任何的一位都无须对书中的观点、视角与结论负责，相应的文责由作者承担。

1989 年，当柏林墙倒塌时，两个东德的年轻人越过边界，来到了一家麦当劳。后来，其中一位在给自己表兄的信里描述了这一经历："凯蒂迅速冲了进去，而我则站在外面，把双眼睁得尽可能大。我被这一切震撼了：如此现代！由玻璃构成的白色建筑，窗户无比漂亮，屋顶的样式只在西德的报纸里见过。看着这一切，我觉得我就像一个刚从 25 年的牢狱生涯中被释放出来的犯人。凯蒂将我推进去，我俩用她带的钱买了一个巨无霸汉堡。我相信从我们的举止，谁都能看出我们来自东德。尤其是因为震惊，我从头到尾都像个跌跌撞撞的乡巴佬。"

——达芙妮·博达赫尔（Daphne Berdahl），

《当世界终结的时候》

1996 年 11 月，印度新德里开了第一家麦当劳。这一事件引发了印度教领袖的抗议，他们批评公司在世界其他地区出售牛肉（虽然印度麦当劳不卖牛肉）。一个年轻女性在等待蔬菜汉堡时接受了采访："我并不介意麦当劳为其他国家和地区提供牛肉，我来这里只是为了体验它的文化。"

——约翰·祖布泽克（John Zubrzycki），

《基督教科学箴言报》

导言：跨国主义、地方化与东亚快餐

詹姆斯·华生（James L.Waston）

1994 年 11 月 22 日，《华尔街日报》报道，坐落于北京王府井、世界上最大的麦当劳餐厅 [1] 将因为商业开发而搬迁。数小时内，这一消息便被各大通讯社引用，并在世界各地的报纸杂志上掀起了波澜 [2]。这家麦当劳紧靠天安门，天安门是中国最重要的观光地，也是确立与争夺国家认同的公共空间 [3]，此举不啻在天安门投下一颗"炸弹"。麦当劳的管理层也震惊万分，他们以为原先 20 年租期的许诺能够得到执行。这项消息之所以引起轰动，不仅仅在于商业方面的冲击，更在于如果这能发生在麦当劳，那么其他的企业也难以幸免。

一般来说，餐厅的搬迁很难引起关注。但这显然不是一家普通的餐厅，这是麦当劳。全世界都知道这个大名鼎鼎、无处不在的金色拱门商标。麦当劳已经成为一个家喻户晓的象征，承载了复杂多元的意义，而不只代表一家企业。

正如本书中的文章显示，麦当劳不仅仅出售食品。在北京，新兴的雅皮族（yuppy*）视麦当劳为拥抱世界的方式。阎云翔在第一章中指出，很多中国人并不喜欢它的口味，但他们认为在麦当劳进餐有特殊的意义；而韩国则相反，汉堡与其他肉类制品早已出现在当地饮食中，他们不再把麦当劳当作新的事物。朴相美在第四章中发现，更多的韩国人反而把吃汉堡认作是文化与经济上的"背叛行为"。台湾地区的情况也是如此，选择餐馆是一种政治行为，可能体现了消费者的身份认同。吴燕和在第三章中指出，麦当劳和其他快餐业能在台湾地区瞬息万变的政治环境中蓬勃发展，或许与当地人认为"外国"食品往往代表了政治中立相关。大贯惠美子在第五章的研究中则发现，日本的麦当劳已经从外来食品转变为了日常饮食，餐厅也已经完全融入了当地生活。在香港地区的情况也是如此，20世纪70年代初以来，对于伴随着麦当劳成长起来的新一代香港儿童而言，汉堡、薯条、可乐不

---

*　译注：雅皮士：城市中收入高、生活优裕的年轻专业人员，由Young Urban Professional的首字母组成。

再是外国的东西，它们就是"本土菜"。

麦当劳与文化帝国主义的争论

每天，有3000万消费者在超过100个国家和地区的2万多家麦当劳用餐（见表1）*。1995年，麦当劳在世界范围内的营业额超过了300亿美元，其中140亿来自美国以外。每三小时就有一家麦当劳开业。[4]

这些数据说明了什么？当然，仁者见仁，智者见智。一些人毫无保留地拥抱麦当劳，坚信市场经济价值观超越了地理与文化的阻碍，大获全胜（如有的报道称"全世界就像麦当劳的舞台"）[5]。许多新媒体也是这样看的，它们追踪麦当劳的业绩，并报道它的每一次胜利（有的报道还宣称"麦当劳征服了麦加"）[6]。在准备这项研究时，我阅读了大量关于全球快餐业的报纸、杂志和记者报道。可以肯定的是，因为精于公关，麦当劳与美国媒体之间存在着特殊的，甚至特权

---

* 译注：*1995 Annual Report*, McDonald's Corp., McD6-3030, p.ii. 原书显示的是1995年统计数据，十多年后，这一数据已经有了较大的改变，结合麦当劳公司网站（http://www.aboutmcdonalds.com/mcd/our_company.html）的统计，光顾麦当劳的消费者已逼近5000万，麦当劳在全世界的分店已超过3.4万家。

般的关系，所以，关于它的正面文章远远多于负面乃至中立的报道。在英国的情况则相反，由于当地的麦当劳一度做了控告环境主义者的错误决定，从而引发了大量的负面报道（如有的报道以"麦当劳的诽谤罪控诉是小题大做"为名）[7]。在东亚，除了韩国以外，大多数地区都倾向于正面报道。在麦当劳登陆中国的前三年里，中国国内媒体表现出了难以遏制的热情，人们将麦当劳视为现代、卫生与责任式管理的楷模。

表1　麦当劳在世界各地的分布（1990—1995）

单位：家

	1990	1995
合计	11803	18380
美国	8576	11368
日本	776	1482
加拿大	626	902
德国	349	649
英国	356	577
澳大利亚	269	530
法国	150	429
巴西	63	243
墨西哥	21	132
中国台湾地区	43	111
瑞典	49	106
中国香港地区	51	98

（续表）

	1990	1995
新西兰	46	98
菲律宾	32	83
新加坡	34	78
中国	1[*]	62
马来西亚	22	58
韩国	4	48
泰国	6	39
印度尼西亚	0	38

不过，中国政府最近已经意识到了麦当劳、肯德基、必胜客等外国快餐业增长带来的影响。国家政策开始鼓励本土的快餐产业，媒体也逐渐转移了报道的侧重。[8] 官方似乎开始与欧美的知识分子一起，将麦当劳等快餐业作为文化帝国主义（cultural imperalism）的代理人，认为这是美国、日本与欧洲通过大众文化输出进行剥削的一种新方式。[9] 这里所说的"文化"，往往包括了流行音乐、电视、电影、音乐、通俗小说、漫画广告、时尚服饰、家居设计与大规模生产的食品业。当国家权力失去对商品和服务的分配与消费的控制能力时，那些有能力操控大众"品位"（taste）的大公司便会取而

---

* 位于深圳经济特区。

代之。从这个意义上说，大众文化形塑了人们对于美好生活的迷人想象，如果汉堡、可乐和迪士尼动画能被人们视为美好生活的一部分，美国企业将立于不败之地。[10]

研究文化帝国主义的学者认为，在后现代、后社会主义与后工业的社会里，大众文化的作用远比军事或政治更显著。[11] 最显著的例子来自最近《纽约时报》的一篇专栏文章，罗纳德·施泰尔（Ronald Steel）称："真正的革命并非来自苏联，而是美国……我们传播一种基于大众娱乐和趣味之上的文化……借助好莱坞与麦当劳，这种文化传播到了世界各地，掌控并摧毁其他社会……不同于传统的侵略者，我们不只是统治对方，还要强迫他们和我们一样。"[12]

麦当劳是侵略性的力量吗？

然而，洋快餐的流行真的破坏了原汁原味的本土饮食吗？快餐产业链是否真的创造了同质化的全球文化——一种更符合资本主义世界秩序的文化？

本书就要探讨这些问题。在以下的个案研究中，基于不同的社会状况，作者们对文化帝国主义有不同的看法。但我们都不将麦当劳视为资本主义价值的代表，也不把这些跨国公司视为邪恶帝国。我们的目标是用民族志（ethnography）的方式考察麦当劳对五个东亚地区的社会、政治、经济的影响。这五个地区不是濒临灭绝的小社区，而是经济繁荣、科技发达、饮食精美的地方。麦当劳能够进驻这里，说明全球饮食业确实出现了不可逆转的改变。但除此之外，难道就没有另一种可能吗？难道东亚的民众就不会改变麦当劳，将这个看似庞大的企业改造为符合当地条件的产业吗？

有鉴于此，本书致力于展示麦当劳和地方社会的互动过程。麦当劳对东亚饮食形态的影响是微观而不容忽视的。正如大贯惠美子发现，在接受麦当劳以前，日本人很少用手取食，但现在这已经是被普遍接受的用餐方式。在中国香港地区，麦当劳已经取代了传统的茶楼与街头小吃，成为最受欢迎的早餐。在中国台湾地区的青少年当中，汉堡、炸薯条则成为他们的主食，这几乎都要归功于麦当劳的影响。

但与此同时，东亚消费者们也以潜移默化的方式，将外来的麦当劳悄然转化为了本土的餐饮。在美国，快餐往往就等于快速的消费。在别的国家与地区却未必如此，比如，北京、首尔与台北的消费者都把麦当劳作为休闲中心，在这里，人们能够缓解都市生活带来的压力。在香港，中学生常常在麦当劳一坐就是几个小时，学习、聊天、吃零食。对于他们而言，麦当劳就像是年轻人的俱乐部。接下来的章节会更多地谈及各社区的本土化（localization，又译在地化）策略，但这里举的例子足以说明麦当劳并非总是单方面地主导了局面。

全球化与地方文化

关注学术与商业的人都知道，近年来，两种新的"主义"（ism）非常流行——全球主义（globalism）和跨国主义（transnationalism）。有些人交互使用这组名词。但在我看来，它们代表着不同的社会过程，不能混用。全球主义描述了一个本质上不可能的世界：人们分享单一的、并能互相理解的文化。全球主义的鼓吹者假设电子通信和大众传媒（尤其是电视）会创造一个"地球村"[13]，这个体系由使用相同的语言（美式英语）、持相同生活方式、分享相似观念的科技精英所维系。正如全球主义者本杰明·巴伯尔（Benjamin Barber）所说："（未来是）一副繁忙的景象，飞速发展的经济与科技，快节奏的音乐、高速运作的电脑、快节奏的饮食。MTV、苹果电脑（Macintosh）、麦当劳将一个个国家和地区带入同质化的全球主题公园——一个被传播、信息、娱乐与商业连接在一起的麦当劳世界（McWorld）*。"[14]

最近，在一些学者的鼓吹下，全球主义被认为是数字化革命的必然结果。网络狂热分子，尤其是那些围绕在《连线》（*Wired*）杂志周围的网络精英试图建立一种全球的文化，以摧毁或至少动摇传统的国家疆界。[15]网络幻想家也预测，以阶级、宗教和种群为基础的意识形态会随着全球主义的到来而终结。这种新的乌托邦规划让人想起早期马克思主义者们所设想的无国界、无阶级、没有族群与宗族的大同世界。全球主义的理论期待全世界都能分享相同的文化，然而，这些现代的幻想家很少去分辨所谓的"文化"究竟指的是什么。

自从人类学成为一门学科后，不同学派的人类学家对"文化"的概念就众说纷纭。[16]此后，学者们的争论有增无减，并对文化的"好"与"坏"、"先进"与"落后"展开了价值判断。在早期的定义中，多数人类学家认为，文化是由相同身份的人共同持有的一系列的信仰、习俗与意识。[17]近年来，民族语义学家（ethnosemanticist）对"身份相近"的概念提出了批评，认为结成亲密关系的团体（如捕猎队、工

---

　　* 译注：麦当劳世界（McWorld）由政治学家本杰明·巴伯尔提出，在《圣战对麦当劳世界：全球主义与部落主义如何重塑世界》中，他认为：全球化进程能够把国家融入单一的"麦当劳世界"中，使不同国家共享相同的文化与价值观。

人或公务员）并不共享同一套知识体系。[18] 因此，文化并不是一套从祖先那里流传下来的不变的东西，而是一系列观念、反应和期待的综合，它会随着人和群体的变化而变化。

本书的关键性概念是"本土文化"（local culture），即在特定社区中的普通人的日常生活经验。在使用这一概念时，我们试图抓住主导个人偏好或"品味"的感觉。[19] 我们认为，饮食类型、大众对于食物的态度以及他们对"正餐"的看法（每个研究者都谈到了这一点）是日常生活经验的核心，它们在整体地维系本土文化上起到了重要作用。

正如上文所说，"文化"这个词是有争议的，"本土"一词也会引发同样的问题。这两个概念都给人以暗示：存在着一个人口固定的、无阶级与性别和地位差异的群体。当把这种研究推到极端，便有本质主义（essentialism）之嫌，它会导致人们把中国人简化为有着共同信仰的族群，这使他们有别于"韩国人"。显然，并非所有的中国人共享统一的精神世界，他们的价值观也不尽相同。

读者会发现，本书的作者极为重视阶级、性别、地位差异与消费的关系。比如，东亚的一个奇特现象是，那些试图逃避男权管制的女性把麦当劳当作了庇护所。在北京与首尔，新兴的雅皮族则把麦当劳作为炫耀性的消费场所。所以，关注于此的人类学家必须紧跟消费者迅速变化的喜好。再比如，20 年前，麦当劳迎合了香港财富阶层的子弟们；现在，新一代的高消费阶层则早已舍弃了它，转而投向"星球好莱坞"（Planet Hollywood）这类更高档的会所。在今日的香港，麦当劳以其廉价与便利，吸引了大量工薪阶层的光顾。

我们的结论之一，是根本不存在所谓亘古不变的、原生的文化系统，东亚社会的变迁之惊人，与当地饮食的变化一样。比如，在香港，从当地人接受新食物的习惯来看，我们根本不可能区分出什么是"本土"食物。正如第二章所说，无论是香港的饮食，还是香港的本土文化，都处在不断的变动中。香港是后现代社会的典范，在这里，社会地位、风格与品位之间的界限，其形成与消解的速度一样快。今日的时尚会迅速成为明日黄花。

跨国主义与多元本土化的企业

人类不断进行自我改造，这句话看似学术界的老调。然而，香港、台北与首尔等城市建设速度之快，确实令笔墨无法形容。在大众文化领域，我们很难在"本土"与"外国"之间做出区分。[20] 谁能说米老鼠不属于日本？麦当劳不属于中国？在数千万看电视的中国孩子眼里，"麦当劳叔叔"远比中国民间故事中的传奇人物更让他们感到亲切。

至此，我们该谈谈跨国主义（transnationalism）了。这一新的研究领域关注于大众文化的解域化（deterritorialization）。正如阿尔君·阿帕杜莱（Arjun Appadurai）*所说，此前，在理解世界经济的运作时，我们假定商品的原初生产者必然控制了消费的全过程，现在则不能这样解释了。最佳的例子是今日亚洲的"功夫文化"，在好莱坞与香港电影工业的影响下远播南北美洲。[21]跨国主义描述的是一种状态，劳动力、商品和观念互相跨越国界的限制，以致无法辨识其来自哪个国家或地区。一位这一领域的领军学者认为，跨国现象试图打破国家边界，构造"第三种文化"（third cultures）。[22]

跨国公司的商业运作、制造和营销散布在全球各个角落，因此，它是"第三种文化"的典型代表。[23]美国耐克公司（Nike Corporation）就是个很好的例子。它发迹于日本，最受欢迎的产品之一是以美国篮球明星，绰号"便士"的哈达威

* 译注：阿尔君·阿帕杜莱：印度裔美国人类学家，长期关注全球化、现代性、种族冲突等议题。曾任芝加哥大学人类学与南亚语言及文明教授、芝加哥大学人文学院院长、耶鲁大学城市与全球化中心主任、新学院全球倡议资深导师，现任纽约大学斯坦哈特学院文化、教育与人类发展学系教授。著有《殖民统治下的崇拜与冲突》、《消散的现代性——全球化的文化维度》等。

(Penny Hardaway) 命名的哈达威球鞋（"Air Max Penny"）。这种鞋子由 52 个部件组成，由 5 个不同的国家或地区（日本、韩国、中国台湾地区、印尼、美国）生产。整个制作过程至少需要经过 120 双手，设计工作由美国田纳西的研究中心负责，最后则由在一家香港北部的台资企业工作的中国内地工人组装完成。耐克公司并不拥有任何工厂，而是通过国际专家团队，与制造商谈判、监督生产、安排运输协力完成。[24]

这种典型的跨国公司采取了无国界，甚至反国界的形式进行运作。通常，这一生产方式由设在第一世界的总部主导。[25]跨国饮食业显然就采用了这种分散制造、中央管控的经营方式：可口可乐的总部设在亚特兰大，肯德基在路易斯威尔，亨氏在匹兹堡，家乐氏则在密歇根的巴特格里克，饼干制造商卡尔斯则在英国卡莱尔……相关的名单简直数不胜数。

从表面上看，麦当劳是典型的跨国公司：它在 100 多个国家和地区开设餐馆，总部则设在汉堡大学的所在地——伊利诺伊州的奥克布鲁克。但进一步观察，就会发现情况并非如此：公司只有一半的管理权。[26]麦当劳董事长詹姆斯·坎特卢波（James Cantalupo）宣称，麦当劳的目标是"尽可能地成为当地文化的一部分"，他说，"人们说麦当劳是多元国际化的（multinational），我更倾向于说它是多元本土化的（multilocal）"。这就意味着麦当劳每开一家分店，都会积极寻找本地的供应商与合作伙伴。坎特卢波援引数据：1991年，派送到海外管理公司的美国人还不到20个，多数地区都由本地人担任经理。[27] 在日本，自从1971年麦当劳开张以来，管理权一直在当地人手中。在日本的经验为此后麦当劳在海外的传播奠定了基调。正如约翰·洛夫指出，麦当劳在国际市场的成功之处——与它在美国的运作一样——即由当地人管理公司。[28] 阎云翔的研究也发现，20世纪90年代初，只有一个能说中文的美国人在北京的麦当劳总部工作；朴相美在首尔遇到的经理也都是韩国人。

木书的研究显示，麦当劳在东亚仍持有至少50%的股份；另一半则由当地管理者拥有。登陆韩国伊始，麦当劳就引发了一起关于如何分配利益的政治争论：公司是为了让美国股东获利，还是帮助韩国经济的发展？麦当劳辩解说，公司有一半的股份在当地人手里，有相当高比例的利润将会投资于韩国本土的商业。朴相美发现，当地的管理者强调，韩国的商业环境非常复杂，外国人很难独自立足。他们对自己的成就非常自豪，并自称已经是地道的韩国企业。与在日本一样，韩国的麦当劳也不断寻求和当地的供应商合作。[29] 唯独香港是个例外，正如第二章所说，囿于特殊的地理环境，香港无法生产原材料，几乎所有材料都要仰仗进口（1997年香港回归以后，人们可以说香港不再依赖进口了，大多数原材料都由中国内地提供）。

麦当劳的本土化策略是如此成功，以至于已经有两位东亚的经理成为全国性的名人，一位是日本的总经理藤田田（Den Fujita），另一位则是香港的总裁伍日照（Daniel Ng）。曾几何时，人们认为在东京和香港卖汉堡是不可能完成的，这两位却创造了戏剧性的奇迹。[30] 在各自的国家和地区，他们都成为媒体热捧的明星，与美国麦当劳的创始人雷·克洛克（Ray Kroc）一样，被认为是勤奋、注重纪律和自由市场价值的传奇人物。[31] 另一个活着的传奇是乔治·科恩（George Cohon），他曾任加拿大总部的董事长和莫斯科总部的经理，1991年，俄罗斯《真理报》幽默地称他为"资本主义劳工的英雄"。[32]

这两人成功的关键，在于他们能够对消费者的需求做出及时的辨识与回应。如伍日照专门成立了研究部门，并组织了调查小组，追踪普通消费者的态度变化；他同时也是香港大众文化的敏锐观察者。这些自主创业的当地管理者印证了麦当劳成功的跨国经验，有很大一部分要归功于它的多元本土化的运作。当然，麦当劳还有另一个成功的关键因素——时机。

东亚的家庭革命：儿童作为消费者

麦当劳登陆这些东亚城市之初，恰逢新的消费阶层在各地兴起（参见表 2）。[33] 收入的增加引发了生活方式的剧变，这一现象在那些生活在都市的年轻人中表现得尤为明显。他们可以自由地决定工作与消费，而不必再与父母、祖父母、兄弟姐妹，以及其他亲属商量。在外工作的已婚妇女增多，从而改变了家庭中的性别关系、育儿方式与居住形态。[34] 相当　部分夫妇选择了核心家庭（nuclear family）*的生活方式，或采取其他形式来反抗传统。例如，台湾的职业女性会选择住在娘家附近，而不是像传统的那样，与婆家人住在一起。这样做的重要原因之一，是女方的母亲往往担负起了照看孩子、煮饭、购物的职责，使年轻女性的职场生活成为可能。[35]

---

* 译注：核心家庭即仅由年轻夫妇与子女组成的家庭。

表 2　麦当劳在各国、各地区的发展[*]

1955 创始于美国	1984 中国台湾
1967 加拿大	1985 泰国
1971 日本	1985 墨西哥
1971 德国	1986 土耳其
1971 澳大利亚	1988 韩国
1972 法国	1990 中国深圳特区
1973 瑞典	1990 俄罗斯
1974 英国	1991 印度尼西亚
1975 中国香港	1992 中国北京
1976 新西兰	1992 波兰
1979 巴西	1993 以色列
1979 新加坡	1994 沙特阿拉伯
1981 菲律宾	1995 南非
1982 马来西亚	1996 克罗地亚

相应的，新的家庭结构形成了，这一结构基于夫妻的需要与意愿，隐含着全新的、与老一代截然不同的生活态度与人生观。[36] 夫妻应该为了供养父母与整个家族而牺牲自己的

---

* 来源：*1994 Student Information Packet*, McDonald's Corporation, McD1-1274, p. 38; *New York TImes*, Nov. 12, 1995, and Feb. 5, 1996。

利益，还是应该把重心放在使自己生活更美好，并努力抚养下一代？显然，家庭的天平正在向年轻夫妇一端倾斜。

随之浮现的另一趋势，是各地生育率的骤降，以及父母愿意在子女抚养上投入更多的精力与金钱。中国的计划生育政策产生了新一代的"小皇帝"与"小公主"，他们会得到父母加上四位祖父母的疼爱与经济上的支持。[37] 在第一章中，阎云翔为人们展示了北京麦当劳的策略：抓住"小皇帝"的口味，把孩子作为"能独立决定家庭支出分配"的对象。同样的情况也发生在台湾地区与日本，在那里，孩子们拥有相当数量的零花钱。[38] 如 1995 年，香港的初中生每个月可以从父母那里获得高达 107 美元的零花钱。[39]

麦当劳正是在家庭革命初期登陆东亚的，它的成功与此密不可分，并非仅取决于经营能力。结合下列的历史侧面，我们就能明白这一点。

东京，1971：富裕的中产阶级在 70 年代早期已经成熟 [40]，对于新一代的消费者来说，外出就餐已成为常规。此前，日本人并不把青少年（teens）视作生命历程中的独立阶段，直到 70 年代，这一现象才得以改变，青少年的重要性凸显，麦当劳正是在这一时段崛起的。同时，日本首次明确规定，在 18 周岁以前，所有的年轻人都必须接受学校教育。[41] 这些原因使闲暇的年轻人成为美式快餐与大众文化的狂热消费者。[42]

香港，1975：70 年代的香港正逐渐成为国际商务中心和中国内地贸易的转运港。麦当劳正是在香港经济腾飞的初期开张的。白领中产阶层迅速取代了战后的工人阶级。[43]70 年代中期，大多数香港人形成了核心家庭，只与自己的孩子住在一起，而不是与大家庭住在一起。[44]70 年代末到 80 年代初，儿童与年轻人成为成熟的消费者，麦当劳也成为"时尚"的用餐场所。

台北，1984：麦当劳是第一家获准登陆台湾的外国快餐公司。成立之初，正值台湾解严初期，本土的政治力量开始挑战国民党的权威；台湾经济也开始腾飞，在全球电子与电脑市场上扮演了重要的角色。正在崛起的中产阶级开始把金钱与时间投入到休闲活动中。都市生活和职业女性的出现，迅速改变了台湾的家庭形态。[45] 对孝道与顺从的强调逐渐式微，消费主义顺势兴起。[46] 台北的年轻人将麦当劳视为新生活方式的象征。

首尔，1988：麦当劳是第一家获准进驻韩国的外国食品连锁店。在上一代劳动者数十年刻苦耐劳的奉献之后，韩国本土的中产阶级产生了。但这些上班族（多数是男性）没有充足的时间处理家庭事务；他们的下一代开始享受消费主义的生活方式。^[47] 韩国的青少年迅速成为老练的消费者，热衷于吃汉堡、比萨和美式炸鸡。年轻一代的影响力是极为可观的，以至于很多反对外国货的父母，也会在麦当劳为孩子举办生日聚会。^[48]

北京，1992：20 世纪 70 年代末到 80 年代初，中国启动了经济改革，家庭结构也发生了急速改变。这也是中国阶层重塑的时机——自 1949 年以来，企业家和商人首次获得了公开经营的权力，富裕的家庭开始追求高消费的生活。如第一章所述，麦当劳成为新生活方式的有力象征。90 年代中期，儿童的娱乐（主题公园、影院、电脑游戏等）迅猛发展。麦当劳抓住这一时机，在中国急速扩张，到 2003 年，全国的分店预计将达到 600 家*。^[49]

显而易见，如果不去迎合儿童、青年等新一代消费者，麦当劳不可能在东亚取得成功。公司在培养青少年市场、制作针对儿童的广告上投入甚多。生日聚会成为关键的策略：在麦当劳出现以前，东亚人并不重视生日（对于传统的香港人而言，阴历生日主要用于成年后的仪式场合，如结婚前男女双方的"合八字"等），给孩子办生日宴会也并不多

---

　　* 译注：到 2012 年初，中国的麦当劳数量已超过 1400 家，拥有员工 8 万人，成为仅次于美国与日本的全球第三大市场。

见。以麦当劳为代表的快餐业通过广告，把有蜡烛、蛋糕的西式生日聚会推广给了东亚大众，使其在年轻人之间风靡起来。此外，麦当劳还发明了一系列本土化的做法来迎合青少年，如在北京的餐厅不仅有传统的"麦当劳叔叔"，还配有"麦当劳阿姨"，她的任务是招待儿童和主持聚会。在台北与香港，麦当劳提供特殊的聚会服装，给参加者们准备特殊的礼物与玩具，服务员还会带领孩子唱唱跳跳。这些形式已经成为当地文化的有机组成。

麦当劳的成功，确实要归功于东亚家庭价值观的转变。而且，正如本书一再强调，儿童是本土化策略的关键。在日本和香港地区，在第一代儿童消费者开始生儿育女后，麦当劳终于转型成为"本土"餐厅。在台湾地区，吴燕和的研究也发现，儿童确实是麦当劳本土化进程中的重要力量。韩国与中国也是如此，朴相美和阎云翔的研究同样证明，儿童是当地社会变迁中的重要力量。

标准化与口味：麦当劳系统

不同于此前的快餐业研究，我们对"消费"非常重视。正如前文所说，我们的研究重点不是"生产"，而是消费者的角色。在展开讨论前，我们要先谈谈快餐业的标准化（standardize）生产。标准化是麦当劳一以贯之的生产模式，它在麦当劳的全球扩张中起到了重要作用。下文将对快餐业的历史与生产方式作一个概括性的描述。读者们若对它的某一方面（管理、劳动关系、食品来源和机械化生产）有兴趣，可以参看注释中涉及的书目。

虽然，快餐业的标准化与自动化生产深受麦当劳的影响，但快餐却并非是麦当劳的首创。几乎每个国家和地区都有快餐食品：英国的炸鱼和薯条、中国的面条、日本的便当、土耳其的街头烤肉、德国的香肠与面包（美式热狗的灵感即来源于此）。[50]麦当劳的制胜之道，是能够在维持品质的基础上，不断提高生产的速度。1995年底，公司曾宣布要让顾客能在90秒内完成点餐，并把顾客在"得来速"（drive-through）*窗口的等餐时间限制在三分半钟。每一季度，公司都会派代表巡查各分店，确保这一决定得以实施。[51]

麦当劳创造了一个标准化的系统，这一系统包括了从三明治的生产，到管理人员的培训（由汉堡大学负责）。[52]《快餐，快谈》一书深入研究了美国的标准化生产，作者罗宾·莱

---

* 译注：即驾车者不需要下车，直接能从车窗完成购买的外卖窗口。

达称麦当劳为"标准化的极致典范"。[53] 麦当劳的培训手册厚达 600 余页，涵盖了所有方面，甚至还有图片展示了酱汁该挤在面包的哪个位置上，规定了酸黄瓜的切片厚度。餐厅中的所有设施，都必须向已核准的供应商购买，室内外的设计也需精心规划。[54] 麦当劳也从不允许任何合伙人有所懈怠，加盟者必须参与到日常的管理中[55]。1991 年，有超过 20000 人与公司洽谈加盟事务，但只有不到 2000 人获得了面试的机会，最后如愿的不到 200 人。[56]

新加坡麦当劳总经理罗伯特·关（Robert Kwan）如是说："麦当劳出售的是……整个体系，而不是产品。"[57] 它的目标是创立一套标准化的生产形式，让人们在新加坡、西班牙、南非尝到一样的味道。很多人以胜利者的口吻告诉我，他们能尝出巴黎与北京麦香堡之间的细微差别，不过，这种差异很难确认。托马斯·弗里德曼（Thomas Friedman）在《纽约时报》上撰文说，在采访行程中，他吃过 14 个国家的麦香堡，坚称："味道真的都一样。"[58] 基于我在书中的五个城市，加上英国、德国、荷兰与美国的经验，我认同弗里德曼的看法。[59]

麦当劳无法左右消费者个体的口味，但它可以创造一种可预期的饮食体验。公司在餐厅设计上煞费苦心：服务台的长度、前台菜单看板的摆设（这发明已被全球各地的餐厅模仿）、座位与隔间的安排、墙皮的颜色、装潢的风格，乃至垃圾桶的摆放位置……走进任何一家外国麦当劳，人们都会产生似曾相识的错觉："和家门口那家一模一样！"

宾至如归的熟悉感是麦当劳成功的关键，特别是在美国那样的社会，人们的工作流动性高，对于那些孤独的儿童来说，麦当劳不仅意味着食物，还是家庭、亲密感与友情的象征。本书的研究揭示，不仅在美国，在东京、台北和香港，有相当比例的青少年也是在麦当劳的陪伴中成长起来的，他们把麦当劳作为聚会的最佳地点。[60] 同样的，麦当劳能成为1996 年亚特兰大奥运会官方指定的食品合作伙伴，不仅是因为公司提供了赞助，还在于世界各地运动员对这一口味的熟悉，他们普遍能接受麦当劳，从而避免了发生吃到奇怪食物的状况。[61] 在海外的美国人也有类似的感受。有一次，微软总裁比尔·盖茨（Bill Gates）和他的同事从中国返回国内，半夜途经香港，想找地方吃东西，他说，"我们高兴地在香港找到了24 小时营业的麦当劳"，并"狼吞虎咽地吞下了汉堡"。[62]

改良的菜单与本土的感受：麦当劳的调适

麦当劳能够在全球成功的另一个原因，是它的可预测性。

全世界的民众都知道，那个金色的拱门会为他们提供什么样的食物与服务。但这并不意味着公司墨守成规、拒绝为迎合当地顾客的需求而做出调适。如在遭遇了抗议后，以色列的一些麦当劳餐厅便不在汉堡中提供奶酪，并分开肉类与奶制品的供应，这些都是为了符合犹太教的饮食戒律。[63] 印度的麦当劳则供应素食的麦香鸡和羊肉做的王公大汉堡。在印度，印度教徒不吃牛肉，伊斯兰教徒不吃猪肉，而耆那教徒则不吃任何肉食，这样的调整显然是必要的。[64] 在马来西亚和新加坡，麦当劳严格地在阿訇的监督下生产食品，确保仪式性的洁净，并在店门口挂上清真的标志（"halal"），以示公司完全没有猪肉类产品。[65]

在美式菜单的基础上，世界各地的麦当劳发展出了不同的地方菜色：在土耳其的分店出售冷冻的阿伊兰酸奶（ayran）*、意大利则有浓缩咖啡和凉面、日本有照烧猪肉汉堡（台湾地区与香港地区也有）、荷兰则卖素食汉堡、菲律宾提供意大利面（McSpagetti）**、挪威有烤鲑鱼三明治（McLaks）、德国售卖法兰克福香肠与啤酒、乌拉圭则供应荷包蛋汉堡（McHuevo）。[66]

---

* 译注：阿伊兰酸奶是土耳其的传统饮品，由水和一定量的盐制成。

** 译注：菲律宾人擅长做意大利菜。

但并非所有的发明都能被消费者接受。最有名的例子是豪华瘦肉堡（(McLean Deluxe）在美国的失败，另一个不太有名的例子则是乳酪酸黄瓜三明治（McPloughman's）在英国受到了冷落。[67] 当地公司一直受到营养学家和自然食品爱好者的批评，他们试图引进包装好的沙拉、新鲜芹菜、胡萝卜条、无脂松饼和低脂奶昔。[68] 这些尝试迎合了社会批评，但很难改变麦当劳的公众形象，很少有人期望在那个金色的拱门里吃到"健康食品"。

除了这些本土化的措施（如意大利的浓咖啡、挪威的鲑鱼汉堡）和时下的新创造（如胡萝卜条）之外，麦当劳在世界上仍然维持了基本一致的菜单：汉堡、薯条、饮料（主要是可乐）。其实，这一套餐最核心的，不是很多人想象的汉堡，而是薯条。主食往往因地而异，如香港有鱼肉汉堡，阿姆斯特丹则有蔬菜汉堡，但显著不变的是细长的、由马铃薯制成的薯条——它无时不在，能被各种人，如伊斯兰教徒、犹太教徒、基督徒、佛教徒、印度教徒、素食主义者、共产党人、保守党人、马拉松参赛者，乃至残疾人运动员广为喜爱。也正是如此，麦当劳建立起了"薯条拜物教"，并以此遥遥领先于其同行。汉堡王（Burger King）的总裁也不得不甘拜下风："我们的薯条无法直立。"为了提升质量，汉堡王甚至一度设立了一个名为"绝密薯条"（stealth fries）的研发计划。[69]

越来越快：自动化与食物工业化

麦当劳体系的核心特征，是把工作分为一系列的流程，普通工人只需短时间的训练，便能胜任工作。麦当劳没有厨师长，而是采用了汽车大王亨利·福特（Henry Ford）发明的流水线模式来生产汉堡与薯条。[70]正如一位餐饮业的观察者所说，麦当劳最后的产品是生产线上的整洁纸盒，盒里装了待售的汉堡。[71]

麦当劳不是第一家采取福特模式生产食品的公司，早在19世纪末（也许还要更早），中国的公共餐馆就已经把食物的烹制过程分为清洗、剥皮、切、煮、炸和上菜等步骤，每个步骤都由不同的人完成。当然，这样的制作不能算是佳肴（问问那些吃食堂的学生就知道），但这一系统确实能在短时间内招待百十号人。也有很多美国企业在麦当劳之前就采取了流水线的形式，如铁路餐车和霍华德·约翰逊（Howard Johnson）连锁餐饮。第一家霍华德·约翰逊餐厅开办于1935年，到1941年，它已经拥有150家分店，专门面向新兴的中产阶级驾车族。[72]麦当劳的扩张，得益于第二次世界大战后汽车工业的繁荣，也与美国人对品牌的迷恋有关——品牌往往意味着品质如一、可信与安全。[73]1955 年到 1963 年之间，麦当劳每天能卖出 100 万个汉堡；第一家"得来速"外卖开办于 1975 年，现在，已经有一半以上的美国店面提供这项服务。[74]

自动化（automation）的发展带来了全球食品工业的革命。今日，甚至寿司也成为快餐。日本的铃茂（Suzumo）公司还推出了一款价值 86000 美元的机器人，它每小时可以做 1200 个寿司，是顶级厨师的 4 到 6 倍。[75]麦当劳则是第一家采用电脑控制烹饪时间与温度的快餐公司。炸薯条是典型的例子，公司与毗邻芝加哥的阿尔贡国家实验室（Argonne National Laboratory）合作，发明出一种可以迅速把冷冻薯块炸成薯条的技术，把生产过程缩短了 30—40 秒。[76]假如在每天光临麦当劳的 5000 万顾客中，有大多数都点了薯条，那么，节省下来的时间成本（将是 30 秒的几何倍数），显然大大超过了自动化的投入。

美国的快餐业从业者面临的最大问题，是劳动成本的上升和高品质劳工的短缺。在美国的很多城市，普通劳工的流动率高达 300%。[77]尽管我们没有获取可供比较的数据，但五位作者对各城市的访问显示，东亚劳工的流动率远低于美国。不过，东亚的劳工成本也在上升，各地的从业者积极采用了能提高生产效率的新技术。自动化的最近发展，是采用触屏电脑系统进行点餐，把服务员从柜台解放出来。阿比餐厅（Arby's）首创了相关的系统，可以把点餐时间从100秒减至45秒，使员工每小时的销售额从23美元增至32美元。[78]

消费者的纪律、教育与反抗

生产的提速是否必然会带来高效率的消费？消费者们是否常能符合管理层的期待？快餐业的运作基于一种默契的契约：公司许诺提供快速、可预测的、实惠的服务，消费者则完成预先付款、快速用餐、尽早离去的配合，从而为后来者腾出空位。这一契约同时假设顾客们知道该如何做，他们被教育或规训成为现代经济中的"乖巧"消费者。持文化帝国主义论的学者认为，这一做法使得俄罗斯人、中国人、沙特人都变得和美国人一样。但是，我们却发现，跨国公司改变当地消费者的企图，并不总能如愿以偿。

香港、东京和波士顿的儿童很早学会了如何点餐、找位子以及有礼节地进餐。但是，并非所有国家或地区都能做到这样。在莫斯科开张的头几周，员工们需要向排队的顾客散发传单，告诉他们关于点餐、取餐的相关事宜。在特别繁忙的时段，甚至会有一个年轻女雇员站在店外，通过扩音喇叭广告知："里面的员工们会向各位微笑，我们可不是在嘲笑您，我们笑是因为乐于为您服务。"此外，托盘与纸垫上还印有汉堡、薯条、奶昔的图案，并标明了它们的原材料。[79] 当时的莫斯科人普遍需要这样的指引，因为在他们此前的经验中，服务员是不会对顾客笑的，他们也不知道汉堡里有什么，更不清楚如何吃汉堡。[80]1994 年，我在北京还观察到了顾客的"自学"过程：在进入餐厅前，人们经常以家庭为单位，站在大型的图片菜单前，长时间讨论该点什么。在香港则相反，麦当劳已经成为日常生活的一部分，大众不再需要图示性的菜单，但店里还是会为不熟悉的内地游客提供印有实物的图片。

显然，麦当劳在形塑消费者上很有一套。但要把顾客塑造成遵守秩序的、有教养的消费者却是另一回事。这里就要说到产业化饮食的另一特征——排队。这一值得注意的社会习惯被视为理所当然的，但在一个人为多人服务的情况下，排队往往不是一种"自然"的人性反应。在香港，虽然公共场所早就有了需要排队的设施，如轮渡口和出租车站点，但排队并不是被广为接受的事情。直到 20 世纪 70 年代中期，新一代的香港人成长起来，并带来了社会的转型，排队才成为全民性的习惯。麦当劳在这一过程中起到了重要的作用。排队折射出了时代的剧变：20 世纪 50—70 年代，香港的主流文化是移民文化（人们认为"香港是租界，我们在英国的租期内讨生活"）；80—90 年代，香港人过着富足的生活，并产生了鲜明的自我意识（人们觉得"香港是我们自己的家，我们倍感自豪"）。如今，香港的喧闹通常是由刚从内地来的人引起的，本地人看到后，往往会闪到一旁，以冷眼表示不满。在规训新来者、使其重新社会化上，这种措施是一种极为高效的方法。

不过，排队并非是现代消费主义中被普遍接受的特质。在荷兰莱顿，麦当劳的消费者常常拒绝在高峰期排队，而是在前台挤做一团。但这并不意味着无序，因为荷兰社会的行为准则鼓励人们礼貌地协商，根据到达顺序点餐。彼得·史蒂文森（Peter Stephenson）观察了莱顿人在麦当劳的行为，得出以下结论：荷兰人的礼貌不适用于麦当劳。荷兰青少年表现得争先恐后，并高呼"我！我！"以引起收银员的注意，他们认为这样的举动很美国化。[81] 里克·范塔西（Rick Fantasia）也发现，法国人虽然不是那么喧闹，但他们在麦当劳也不排队。梅丽莎·卡德威尔（Melissa Caldwell）则指出，除非员工设置隔离带，否则，莫斯科的顾客常常在高峰期挤得水泄不通。[82]

总的来说，在世界范围内，大多数的消费者很快学会了排队点餐，香港人还会在排队时监督那些违规者。这些快餐厅的空间设计，就在鼓励人们遵守纪律。艾伦·希尔顿（Allen Sheldon）发现，在订餐的时候，顾客和服务生都站着，由此营造出了一种平等的关系，这似乎能让顾客愿意为服务生分担一部分工作，如自己拿饮料、分发餐巾与餐具并清理桌子。在希尔顿看来，麦当劳是"平等的剧场"[83]，与那些顾客坐着，服务生侍立一旁的传统餐厅大相径庭。

然而，平等并不适用于所有的麦当劳，一些地区非常注重饮食的礼俗。在巴西里约热内卢，侍者在点着蜡烛的麦当劳为顾客端上汉堡和香槟；在委内瑞拉的加拉加斯，女侍者为顾客领座、写菜单和上菜。[84]而香港、台北与北京的情况则刚好相反，研究者们发现，当地的顾客们更喜欢快餐业的平等服务，人们恰恰是被麦当劳的朴实无华所吸引。如阎云翔在第一章中指出的，其他餐厅不仅昂贵，而且会让人陷入尴尬，试想：当你的桌上菜色简单，而邻桌的大款却点了山珍海味，你是觉得颜面扫地，还是打算和他斗富？麦当劳提供的菜色是有限的，这里很少有攀比的机会。朴相美也在韩国发现了同样的状况，但有稍微的调整：服务生有时候会坐在顾客的位置旁边进餐，这样既能在最大程度上利用餐厅的空间，也能带动顾客进餐的速度。尽管与顾客同坐一张桌子是不礼貌的行为，但韩国人普遍接受了这一安排，不认为这是店方的强制。

微笑着服务？

在外国人看来，美国社会最独特的特点，是对陌生人表现出一视同仁的友善态度。在美国，消费者们对服务员的微笑有一种期待。许多美国人甚至以这些微笑的真诚与否，来衡量公司和政府部门的工作。人们还根据友善的程度给各个城市排名次：休斯敦名列榜首，而波士顿则垫底。

自创办以来，麦当劳就树立了友善的企业形象。甚至可以说，在麦当劳的影响下，美国的快餐业已经把微笑从文化转化为了商品。此前，虽然顾客都想得到微笑服务，但不一定能够如愿。麦当劳和它的追随者们把微笑和商品捆绑在一起，为人们提供了舒适、洁净、可预测与友善。[85] 它们训练柜台员工，要求他们必须表现出足够的亲切，多说"谢谢"，使顾客感受到个性化的服务。[86]

因此，当美国人第一次到国外旅游时，发现友善并非放之四海而皆准的原则时，会产生文化震惊（culture shock）。实际上，在很多地方，微笑——由面部肌肉协作形成的物理现象——并不代表亲切、开放或诚实，有时候反而代表了负面的意义。如在俄罗斯，微笑可以被视为挑衅。[87] 与顾客的目光接触是麦当劳另一项策略，这在美国司空见惯，但在一些后社会主义国家却并非如此，以至于新上班的雇员都需经过这类教育。早年间，俄罗斯和中国的服务人员对社会大众的态度并不好，想让服务人员注意到自己，顾客需要花费相当的耐心和技巧。*

麦当劳在东亚主打"微笑服务"的努力，往往和当地的文化期待背道而驰。比如，当遇到办事人员或小贩对自己笑，香港的消费者会不由自主地感到怀疑。正如第二章指出的，香港人非常注重严肃认真的工作态度，期待工作中的人应该表现得面部严肃，认为这反映了当事人的责任心和对细节的重视。所以，他们非常乐于看到严肃的表情，而非微笑。台

---

* 直至今日，我仍然难忘当初在中国的挑战。20世纪70年代，宾馆与饭店的服务员的服务是极端怠慢的。在邓小平宣布改革开放以后，服务员的收入和工作条件改善了，相应的，服务标准也有所提高。

湾地区与韩国的受访者也是这么认为的。不过，随着麦当劳在东亚的时间越长，微笑越被大家接受。[88]如今，消费者更关心的是效率、可预测性与卫生程度。

洁净、卫生与公共厕所

电视脱口秀主持人菲尔·唐纳修（Phil Donahue）曾采访麦当劳总裁雷·克洛克，问及在麦当劳起步之初，他是否得自己打扫厕所。"那是一定的！"克洛克大声回应，"哪怕今天，只要有需要，我也会亲力亲为。"[89]相较微笑，洁净是麦当劳公司系统中无须解释的一项特质：干净的厕所广受欢迎。在麦当劳入驻以前，高标准的公共卫生并未在东亚普及，老一辈消费者没有太多的选择余地，他们也不太注重卫生状况，除非选择在昂贵的餐厅消费，否则，他们只能忍受不卫生的饮食状况。麦当劳的出现掀起了一场卫生观念的革命，它提升了消费者对餐饮卫生的期待。尤其是年轻顾客，他们极为重视这一点，开始在餐厅的厕所条件和厨房卫生之间画上等号。在台北、北京、首尔和香港，各地的餐厅必须努力符合新的标准，否则，客源便会流失到其他餐厅。

东亚社会日渐富裕的结果之一，是人们对街头小吃的接受度降低，和对食品卫生的重视。父母非常担心子女在外面的饮食，公众非常惧怕吃到有毒、掺假和包装不洁的食物。1996 年，大肠杆菌食物中毒在日本掀起了恐慌[90]。1994—1995 年，北京谣传有十几人吃了路边卖的毒油条死了，为了平息这一谣言，媒体大力宣传要加强公共卫生管理，却也加剧了大众的疑惧。[91]

麦当劳许诺提供可预测的、洁净的服务，从而迎合了东亚社会中忙碌的、成长中的中产阶级的需求。但它也必须有所付出，很多国家和地区都有小企业因沾麦当劳的光而成功，在北京、上海和西安，有大批的模仿者，例如叫"麦当鸭"（McDuck's）和"麦当诺"（Modornal）的快餐店；首尔则随处有"麦卡沃"（Mckiver's）和"麦卡多"（McDonny's）。[92]此外，南非德班有"马当劳"（Macdonald's），印度班加罗尔有"麦克快餐"（MacFastFood），丹麦哥本哈根有"麦克艾伦"（McAllen），加州圣克鲁兹则有"麦克当"（McDharma's）。[93]金色拱门的商标也难以幸免：韩国的"胜利汉堡"（Winner's Burger）把金色双拱倒过来作为标志；上海一家叫"南希的表情"（Nancy's Express）的餐馆则去掉了拱门的一个脚，用"N"作为标志；北京的"红高粱"快餐店则以巨大的"H"作为标志，造型像极了金色的拱门。[94]

把麦当劳等同于安全可靠的做法在中国尤其明显。在中国的一些餐厅里，服务人员不仅穿着麦当劳风格的制服，还积极地清扫门面。在北京，当地快餐连锁店雇用至少一个员工，负责清洗地板、擦洗窗户，全天如此，每天如此。清洁人员对餐厅入口走道的打扫用力尤勤，因为这里最能让顾客看到，北京的消费者时常通过观察入口的洁净度来选择餐厅。[95] 相比之下，麦当劳则是少数把对卫生的重视扩展到厨房的餐厅，它的厨房可以对外开放。正如阎云翔发现，北京的麦当劳乐于对外开放，让顾客、官员甚至是潜在的竞争对手参观。

结论：麦当劳化 vs 本土化

麦当劳已经成为现代生活中标准化与常规化的有力象征，并创造了很多新的词汇：麦式思维（McThink）、麦式工作（McJobs）、麦当劳神话（McMyth）、麦当劳精神（McSprituality），当然，还有麦当劳化（McDonaldization）。[96] 乔治·瑞泽尔（George Ritzer）在他的畅销书《社会的麦当劳化》（*The McDonaldization of Society*）中提出了这一概念，用来描述快餐业的生产标准充斥社会各领域的过程。[97] 瑞泽尔认为麦当劳是社会一体化的典范，麦当劳化是一个不可抵挡的过程，它横扫了世界上所有看似坚固的事物。[98]

麦当劳是否真的像文化帝国主义者所说的，是一个革命性、破坏性的存在？如果你忽略了历史背景，或许会认同这一观点。当麦当劳登陆一个新的市场，特别是那种不曾接触过美式快餐的国家和地区时，麦当劳确实是个"入侵者"。在本书调查的五个社区里，麦当劳开张之初，往往都会被认作是充满异域色彩的外来物——一种美国式的体验。确实，公司以"异域风格"为策略，获得了在海外市场发展的机遇，但光靠这种策略是无法长期立足的。

和可乐、午餐肉等食物不同，麦当劳的标准食谱（汉堡与薯条）并未直接被东亚人接受。正如朴相美发现，朝鲜战争结束后，午餐肉迅速成为韩国饮食的一部分，它被认为是无须特别烹制的肉类。可乐也是如此，20世纪60年代，香港的村民把它作为一种特殊的饮料，它的首要功能是药用的——人们把它和姜煮在一起，用以治疗感冒。此后，它作为饮料登上了宴席（时常和白兰地混合在一起），或被用作待客。可乐和午餐肉的引进并未引起革命性的变化，这两种食品快速地适应了本土的需求，不需要消费者做出激烈的调整。

麦当劳则有很多不同的地方。对于东亚人来说，在麦当劳消费是一种与日常生活截然不同的饮食经验。人们一般去麦当劳进餐，较少把它带回家。与包装食品不同，麦当劳出售的是热的、即食的产品，这把顾客与食物的制作过程区分开来，人们消费的是一整套制作好的食品，而不是零散的家常餐点。

从这一点看，麦当劳确实是一股入侵的势力，它在无形中破坏了东亚饮食的原有面貌。但如果我们进一步观察，正如很多观察者指出，消费者并非是机器人。此后，麦当劳的异国色彩迅速消退，逐渐成为忙碌的消费者的日常饮食。汉堡与薯条由此成为多元快餐中的一种。

因此，麦当劳的本土化过程是双向的：它既改变了本土文化，也被本土文化改变。麦当劳产业体系的关键——排队、自我服务、自己入座——普遍被东亚的消费者接受。但也有很多产业模式被拒绝了，尤其是那些与时间和空间相关的。在东亚的很多地方，消费者把麦当劳改造成了休闲中心与课余俱乐部。"快"的意义被颠覆了，仅仅表现在食物的"快速"供应上，而与消费无关。这些城市的经营者别无选择，只能接受这种趋势。一个香港经理一边看着一大群青少年在餐厅聊天、读书和用餐，一边告诉我："学生们创造了良好的气氛，这有助于我们的经营。"

麦当劳的本土化进程与年轻一代的成长密切相关。当这些人的孩子成长起来时，他们不再把麦当劳视为外国的企业。父母们把它视为干净与安全的天堂，孩子则认为麦当劳代表了趣味和家的味道，在这个地方，他们能自如地选择喜爱的食物。

本书的个案研究也清楚地表明，本土化的进程并非是线性的发展过程，也没有一致的终极目标。在日本和中国香港地区，麦当劳已经成为城市景观中的一部分，它是如此"本土"，以至于很多青少年并不知道麦当劳是外来的。虽然，中国仍把麦当劳视作外来的餐饮，但本土化的进程也已经开始。从本书的研究中，我们很难断定韩国的走向，韩国的政治环境极为特殊，很多批评者一直把麦当劳视作美帝国主义的象征。在中国台湾地区，麦当劳的美国背景在台湾大众身份的建构上起到了重要作用，不过这一点在短期内还没有显现出来。可以发现，麦当劳在东亚的发展，与美国市场已经没有什么关系。1994年，麦当劳在美国以外的销售额已经超过了美国本土，市场分析家认为，到 90 年代末，这一数据会达到 60%。[99]

进入 21 世纪以来，麦当劳的多元在地化策略已经被很多企业模仿（比如它那著名的双拱标志）。不过，麦当劳的成功似乎是难以复制的。因为，对于不同时代、不同的人来说，麦当劳代表着不同的意义：可预测、安全、便利、趣味、家庭气息、庇护所、洁净、现代、饮食体验、连接外部世界的通道……没有其他商品能同时符合这些互相矛盾的意义。我们可以这样说：在麦当劳，最主要的产品是一种"体验"。

第一章　麦当劳在北京：美国文化的本土化[*]

阎云翔（Yunxiang Yan）

1992 年 4 月 23 日，全球最大的麦当劳在北京开张。它拥有 700 个座位，29 个收银台，开张第一天就吸引了 4 万多名顾客。[1] 这一餐厅建于王府井大街的南端，靠近中华人民共和国的政治中心——天安门。直到 1994 年夏天拆迁之前，这家麦当劳一直是北京著名的地标，它那金色的拱门常常出现在国家电视台上。这家餐厅还成为国内游客时常光顾的场所，普通民众认为，在那里可以体验到美国文化。接下来，一家

---

　　* 译注：作者持续关注着北京的麦当劳，并产生了一系列的成果，除了本文外，还可参见《汉堡包和社会空间——北京的麦当劳消费》（戴慧思主编：《中国都市消费革命》，社会科学文献出版社，2006）、《麦当劳餐厅里的社会空间》（阎云翔：《中国社会的个体化》，上海人民出版社，2012）等。

又一家麦当劳在北京开业：1993 年有 2 家；1994 年有 4 家；1995 年则发展到了 10 多家，到 1996 年，北京的分店已经达到了 29 家。[2] 按照北京地区的总裁赖林胜（Tim Lai）的说法，北京的市场足以容纳 100 家麦当劳，到 20 世纪末，麦当劳计划在中国开办 600 家分店*。[3]

麦当劳在北京的急速发展，与近年来中国社会的转变密切相关。这一转变表现出了一个新的趋势：吸收外国文化并将其转化为本土文化。在过去，这是遭到抵制的。从本文的研究中，我们发现：无论是麦当劳的管理层与员工，还是北京的消费者，都积极参与到了本土化的进程中。在分析这一过程时，我首先要考察普通中国人对麦当劳的看法；然后探讨麦当劳为了适应中国市场所作出的努力；同时探究北京的消费者是如何接受麦当劳，并为我所用的。

作为美国象征的汉堡

1993 年 10 月 1 日，中国的国庆节，一对 70 出头的老夫妻到王府井的麦当劳用餐。女儿与女婿请他们到这里欢度国

---

* 译注：到 2013 年底，北京已有麦当劳 229 家，全中国已有近 2000 家。

庆。这一顿吃了差不多 200 元，对当时的老年人来说，这是一笔数目巨大的钱。对老夫妻来说，在一家外国餐厅吃饭有着不一般的意义，所以，他们特地在金色拱门前摄影留念，将它和另一张照片——他们于 1949 年 10 月 1 日在天安门前的合影——一起寄给家乡的报纸。此后，当地报纸刊登了这一故事，并附有两张照片作为比较——在 1949 年的照片中，两个瘦小的年轻人分开站立，他们穿着同样的白衬衫，瘦削的脸上写满了艰苦时代的营养不良；而在 1993 年的照片上，两人容光焕发，衣着入时，发福的老妇人骄傲地挽着丈夫的左臂。文章说，他们打出租车去麦当劳，在路过天安门时，两人想起了 1949 年的困窘生活；与此同时，又感念于近来中国的剧变。[4]

乍看上去，这篇报道是典型的宣传文章，它让人想起了官方媒体常用的策略："忆苦思甜"。不过，在这里，麦当劳——一个资本主义的跨国公司——成为主角，它象征着甜美的生活。更有趣的是，报道的题目是"四十四年，从'土'到'洋'"。自 19 世纪以来，"土"和"洋"一直是中国政治文化中的重要概念。在日常用语中，"土"往往指乡村的、粗野的和落后的，而"洋"则常指外国的（尤其是西方的）、时尚的，进步的。从这两组名词的并置，我们可以看

出，麦当劳和其他外国食品（"洋"），已经成为进步的同义
词，它意味着积极的改变，使当代中国的生活更加美好。

在北京人的眼里，麦当劳代表了美国文化与现代化
（modernization）的承诺。[5] 开张伊始，麦当劳高效率的服务
和管理、干净的用餐环境与新鲜的原材料，被媒体作为现代
化的代表反复报道。[6] 公司严格的质量管理，尤其是对土豆材
质的注重，成为很多主流报纸讨论的热门话题，媒体认为这
体现了麦当劳的科学管理和公司一以贯之的高质量标准。[7] 某
位写了一系列相关文章的评论家就认为，麦当劳能在全球获
得成功，要归功于它高标准的制造流程、科学的食谱和现代
化的管理技术。正如文章标题"从麦当劳看世界"所暗示的，
每一个餐厅都是跨国文化的缩影。[8] 在另一篇文章中，这位作
者也提到，很多美国年轻人在实习时会选择麦当劳，因为公
司包含了所有现代化的工作方式。[9]

一些媒体则把这些美式快餐连锁业的成功，归功于其中
的平等与民主的气氛。有一篇报道说，不管你是谁，都能在
这些快餐店享受温暖与善意的服务；因此，很多人到麦当劳
是为了获得被平等对待的体验。[10] 对于西方读者而言，这似
乎有些不可思议，但在中国饮食文化的语境里，却有其合理
性。我问过北京的受访者关于饮食的平等问题，他们都说：

中国的宴会攀比现象很严重：为了把别人比下去，人们常拿出最好的酒菜待客；主人时常担心邻桌的菜色比自己的丰盛，使自己脸上无光。为了避免这一情况，人们宁愿付更多的钱，租一个包间来接待客人。这样的攀比在麦当劳并不存在，菜色是固定的，食物是标准化的，每个消费者所享受的一系列服务在质量上相差无几，人们无须担心自己点的餐比他人要差。对于那些需要请客但收入有限的人，麦当劳是最佳的选择。

1994 年秋天，我对北京的消费者进行了民族志式的调查。我发现，人们所言说的麦当劳，有着超现实的甚至是神话般的色彩。比如，一些市民相信麦当劳使用的土豆是方形的。一名在麦当劳工作的 20 岁女性严肃地告诉我，神秘的方形土豆是麦当劳能取得全球性胜利的关键。她同时对在短时间内学到的英文单词很感兴趣，如"cheese"（起司）、"drive-through"（得来速）等，前者是音译，后者则是意译，它意指"快速地取得"。这种中西合璧的名词使麦当劳的顾客与雇员同时获得了异国的、美式的体验，以及某种程度的现代化感受。

北京麦当劳呈现公众形象的方式也值得一谈。1994 年秋天，公司还不曾在电视上做广告。主管部门认为麦当劳在中国做广告毫无意义。不同于西方，当时的电视台只在节目结束后的间隙投放广告，而节目结束后，观众一般就换台了，这就意味着他们没时间去看广告。相应的，报纸和杂志就成为麦当劳打造公共形象的最佳场所。北京的麦当劳透过博雅公共关系公司（Burson-Marsteller）与中国的媒体打交道。有关麦当劳的主要信息来自一本小册子，它简述了该公司在美国的发展历史和名为"QSC & V"的企业哲学——品质（quality）、服务（service）、洁净（cleanliness）和价值（value）。由于麦当劳并没有在北京引发什么大新闻，所以媒体往往一再重复这套企业哲学，这暗中符合了中国政府提升民族产业，使其更加现代化的愿望。

北京的管理层也致力于将麦当劳打造成现代性（modernity）的楷模。比如，只要提出申请，人们就可以获得五分钟的时间参观厨房。我曾经参观过三家麦当劳的厨房，它们具有相同的式样。服务生向我介绍了所有的机器、烤箱和其他专业设备，并展示了它们是如何运作的。此后，他还带我参观了员工洗手（必须遵循严格的流程）的地方，以及用来处理不符合新鲜标准的食物的垃圾桶。在这五分钟里，服务生会重复一个信息：麦当劳的食物经由严格的科学方法制成，保证新鲜与卫生。

北京麦当劳不仅强调食物的新鲜和纯正，还非常注重它的营养价值。在一次公开的采访中，一位高管称，麦当劳食谱的制定基于现代科学的标准，与基于文化而制定的中式食谱完全不同。这种"科学定制"的核心特点，是它含有人体日常需要的水、碳水化合物、蛋白质、糖分、维生素、脂肪等营养元素。因此，当一个人花了10—15元在麦当劳吃一顿标准套餐，他所获得的营养成分就能满足人体半天的需求。[11] 当时，认为麦当劳提供了既营养、又科学烹饪的健康食品的观点，被中国媒体和大众普遍接受。早年的日本也是如此，直到20世纪80年代中期，麦当劳仍被认为是健康而有营养的，但90年代以后，日本公众开始担忧快餐食品的负面影响*。[12]

政府和民众都急切地显示出了对于现代化的渴望，表现在消费领域，就是对外国货，尤其是对西方国家产品（"洋"）的消费增长。麦当劳从自身的文化象征中获益甚多。为了凸显食品的"正宗"，北京的餐厅供应与美国完全相同的菜单。1994年，汉堡的销量占了全北京麦当劳总销量的20%，比台湾同期要高。[13] 这一数据表明，北京的消费者主动地接受了

---

　　*　译注：本文作于90年代中期，所以，作者集中反映了当时的状况。显然，今日中国社会大众对麦当劳等洋快餐的负面效应早已有了充分认识。

美式的饮食。

然而，北京的顾客消费的是汉堡，还是某种氛围呢？我的研究显示，儿童们确实喜欢那些食物，但真正吸引成人们的是麦当劳的"美式氛围"。很多人告诉我，他们并不觉得食物可口，也难以忍受奶酪强烈的味道。他们最常抱怨的，是麦当劳的食物让人"吃不饱"——汉堡与薯条更像小吃，而不是正餐。我曾在北京的一所大学做问卷调查，收到有效回复 97 份。[14] 表 1 是受访者对以下两个问题的回答：（1）麦当劳的食物是正餐还是小吃？（2）你觉得麦当劳能饱腹吗？

表 1　对麦当劳食品的评价*

用餐后的感觉	男性（29 人）		女性（68 人）		合计
	吃得饱	吃不饱	吃得饱	吃不饱	
将其视为正餐	3	2	17	1	23
将其视为点心	3	21	20	30	74
合计	6	23	37	31	97

只有四分之一的受访者认为麦当劳是正餐，这些人以女学生为主（在 23 个受访者中占了 18 人）。而 83% 的男学生

---

* 来自作者于 1994 年 10 月 11 与 14 日对北京大学的调查。

（在 29 个受访者中占了 18 人）则认为那是小吃。至于说饱腹感，有 56% 受访者（54 名）称不能得到"吃饱"的感觉，无疑，年轻男性占了大多数，79% 的男性（在 29 个受访者中占了 23 人）这么认为，而女生则不到半数。其中，在把麦当劳当作正餐的 23 人中，多数表示自己吃饱了，说吃不饱的只有 3 人。可以说，北京人是以自己是否能吃饱，来判断麦当劳是正餐还是小吃的。女性似乎比较容易吃饱，她们中的大多数把麦当劳视为正餐。

中国的饮食体系，可以分为"饭"（谷物和其他淀粉类食物）和"菜"（包括蔬菜和肉类等）。人们认为："要准备均衡的一餐，必须合理搭配饭与菜，平均获得两者的营养。"[15] 从这一标准来看，汉堡——两片面包夹着一块肉的玩意儿——并不是达标的饮食。一个北京的工人认为，汉堡更像是馅饼，一种面饼夹肉的小吃，而不是所谓的正餐。在中文里，馅饼之类的食物被称为"小吃"，近似于英文的"snack"，因而，麦当劳的汉堡被认为是"洋馅饼"、"洋小吃"。无疑，这是 75% 的受访者认为麦当劳的食物是"小吃"，而 55% 的人认为在麦当劳吃不饱的原因。

这样的情况看上去有些讽刺：虽然人们对麦当劳的食物持保留态度，但他们仍然热衷于去那里。为什么？多数受访者说他们喜欢那里的气氛、用餐的方式与消费的体验。换言之，麦当劳吸引人的地方不是它的食物，而在于它提供的体验。或者，像一个当地作家说的那样，是麦当劳的文化吸引消费者去用餐。[16]

实际上，早在麦当劳之前，肯德基、必胜客已经在北京扎根，引起了人们对快餐的兴趣。一篇关于肯德基的早期报道提到，消费者去那里不是去吃炸鸡，而是去品味肯德基的文化。大多数消费者花上好几小时聊天，透过巨大的玻璃窗观察繁忙的市井，向路人展示自己。[17]一些当地的观察者认为，中餐吸引人的是食物本身的味道，而西餐则以它的形式取胜。西式快餐的流行体现了消费者喜欢这种景观、这种展示、这种新的用餐方式。[18]在进驻北京之前，麦当劳的名字已经在市民中口耳相传，所以，当1992年4月第一家麦当劳开张的时候，上千的顾客排了数小时的队，等待享受这家著名的餐厅提供的新奇饮食与体验。

1994年底，尽管有越来越多的外国餐厅，像必胜客、硬石餐厅（Hard Rock Cafe）开业，但麦当劳仍然时尚、流行。对北京市民而言，去那里用餐是一件重要的社交活动，不过，人们的消费原因却千差万别。多数人，尤其是收入有限者，只去过一到两次，主要是为了满足自己对美式饮食和文化的好奇心。顾客中有很高的比例来自边远省份的旅游者，此前他们只听说或在电影中看到过麦当劳。对于这些人而言，去麦当劳是北京之旅的重要行程，回到家乡后，他们可以向亲朋好友夸耀这段经历。当然，也有常去用餐的北京当地人。一家分店经理发起的商业调查显示，1992 年，有 10.2% 的消费者常去用餐，每月至少 4 次；而 1993 年，这一数字跃至 38.3%。[19] 根据我的观察与访谈，经常光顾的消费者可以分成 3 种：雅皮族、年轻情侣，以及由父母带着的孩子。虽然他们的社会背景不同，但除了孩子以外，大多数都表示麦当劳用餐氛围与友好的服务是吸引他们消费的首要因素。大多数受访者强调去麦当劳是为了获得饮食和文化的双重体验。

对于那些比较年轻、收入较高、急切拥抱世界的消费者而言，在麦当劳、肯德基或必胜客用餐，已经成为他们新的生活方式，也是参与到跨国文化体系中的一种方式。正如一个受访者所说："汉堡并不好吃，但是用餐的体验让我感觉很好。有时候，甚至让我觉得身在纽约或巴黎。"一天中午，我访谈了一个 22 岁，毕业于北京外国语大学的青年，他一个人点了两份汉堡、一个鸡肉三明治、一份麦香鱼、一大杯可乐和一份圣代。在交谈中，他告诉我：他为一家日资企业工

作，每月工资是 3500 元，在 1994 年，这是一般工人收入的
10 倍。当我问他在洋快餐上花费多少钱时，他既不知道，也
不关心："我觉得自己的生活比出国读书的朋友好多了。只要
我还在赚钱，留在国内的我照样能享受这些外国商品。你看，
今天我要去参加一个正式的商务午餐，但只会在那里喝一些
饮料，我喜欢在麦当劳用餐，不喜欢和那些土鳖聚在闹哄哄
的中餐馆里。"

在田野调查中，我访谈了十来个这样的年轻雅皮族，他们
都对新养成的消费习惯感到自豪。虽然有些人强调去麦当劳
只是为了节省时间，但没有人在 20 分钟内结束用餐。和其
他的消费者一样，这些年轻人呼朋引伴，或者和男、女朋友
同来，在餐厅中耗上一个小时甚至更多去消费外国饮食与商
品。对于这些雅皮族而言，这是把自身定位成中产阶级的重
要方式。

来自不同阶层的年轻情侣也是麦当劳的常客，因为这里
的用餐环境给人浪漫与舒适的感觉。餐厅是明亮、干净的，
伴有轻柔的西方音乐，除了高峰期以外，其他的时间往往非
常安静。除了异国风情的汉堡外，餐厅也提供奶昔、苹果派
和冰淇淋，这些都使麦当劳成为约会的好去处。正如前文所
说，以中餐的标准来看，麦当劳提供的餐点花样并不多，且

花费不高，这意味着消费者不必担心会在消费中发生攀比现象。对于那些带着女友或妻子但并不富裕的男性来说，这一点特别重要：在麦当劳营造的外国语境中，他们不会没面子。1994 年，麦当劳的七家餐厅都在相对隐秘的角落设置了双人座，有些餐厅甚至将其称为"情侣角"。

北京的麦当劳还有另一项专门的设置——"儿童乐园"。不同于那些安静、浪漫的"情侣角"，这一区域常常是喧闹的，孩子们在吃东西的时候四处奔跑。与东亚其他地区（比如第二、三章中的香港与台北）的孩子一样，北京的儿童也是麦当劳的忠实爱好者。一个女服务员告诉我，经常有家长问她，为什么他们的孩子那么喜欢麦当劳，有人甚至问她是不是汉堡里添加了特殊的成分，以至于孩子如此着迷于这种异国饮食。在和一帮小学生的访谈中，一个九岁的孩子告诉我，他的梦想是买一大箱汉堡，天天都吃；也有几个孩子希望长大了能自己开一家麦当劳。关于麦当劳如何吸引儿童，我将在下文中探讨。在这里，我要强调，儿童并不是单独来的，他们往往是和父母或祖父母同来。

我曾访谈了一个中年妇女，她的女儿刚刚在麦当劳组织的作文比赛中获奖。她告诉我，自己并不喜爱汉堡的口味，她丈夫甚至讨厌麦当劳，但他们的女儿却酷爱汉堡和奶昔，以至于全家必须每周来一次。不过，孩子对麦当劳的喜爱，往往会使手头拮据的父母陷入困境。正如一个男性工人所说，虽然他的收入不允许外出用餐，但只要孩子想去麦当劳，他从不说不，宁可节省下其他的开销，也要满足儿子的爱好。

对于低收入人群来说，去麦当劳吃饭仍是不小的负担。在1994年，三口之家在麦当劳吃一顿，大约要花费一个工人月工资的六分之一。这不菲的费用显然不是人们去那里消费的原因。正如一个年轻女工所说："麦当劳很贵，一个汉堡套餐得花去我两天的工资，不过，在一个高端、时尚的餐厅里，这价格并不过分。"因此，为了去麦当劳吃饭，工薪阶层的家庭时常需要节省下其他的花费。正如我在开头提到的那对老夫妇那样，很多人甚至觉得应该坐出租车到麦当劳，这样才能让行程显得更奢华、更值得回忆。对于这些人而言，他们对麦当劳的体验不在于食物，而是在于美国文化，或者给孩子们一顿特殊的款待。

作为美国文化的象征，麦当劳不仅给北京的消费者提供了新的饮食，也为他们提供了新的行为模式。比如，1992—1993年之间，北京的顾客（同样也发生在香港与台北）时常把垃圾留在桌上，让服务员完成清洁工作。因为他们把麦当劳视为一个正规的饭店，花了钱就应该获得全面的服务。但到了1994年夏天，我观察到有五分之一的顾客（多数是衣着时尚的年轻人）会自行将垃圾带到残食台。在后续的访谈中，我得知多数人是常客，他们通过对外国消费者的观察，认识到要自己清理桌子。有趣的是，一些受访者告诉我，他们清理完垃圾后，会觉得自己比他人更加"文明"了。因为他们懂得正确的行为方式。另一个明显的现象，是麦当劳用餐者说话的音量，往往比中式餐厅的顾客更低。他们也较少有乱扔垃圾和随地吐痰的举动。同样的，与同等消费水平，甚至更奢侈的中式餐厅相比，麦当劳顾客的行为整体上也比较自律，对他人也更礼貌。一个合理的解释是，新的饮食带来的象征意义以及快餐业带来的异国文化，影响了消费者的餐桌礼仪与社会行为。[20]

慢下来的快餐：适应与本土化

接下来的问题是，北京的麦当劳是地道的美式文化吗？在美国，麦当劳意味着低廉的价格和快速的服务。美国人时常为汉堡的营养价值和脂肪含量担忧，但麦当劳仍然流行，因为它为既省钱，也省时间。很少有美国人（至少在我的访谈中没有遇到）会认为麦当劳餐厅是高雅的、可以用作对外展示的休闲场所。麦当劳化和很多其他工业化与现代化产品一样，对多数美国人而言只是现代生活的基本需求。[21] 而北京的状况则相反，汉堡被视为高级的餐点，麦当劳餐厅也成为人们确立社会地位的空间。仔细观察人们在北京麦当劳里的社会互动，可以发现，同样的餐厅在中、美不同的社会里有着截然不同的意义。这种差异是如此之大，以至于使所谓的"美式"文化发生了转化，麦当劳的象征体系变得面目全非。它为我们展示了一种本土化的、中国视角下的美国文化，以下将分五部分展开讨论。

第一，北京的麦当劳有意让自己成为一个中国企业。例如，公司让中方合作伙伴占有 50% 的股份；公司也强调，北京麦当劳所用的食材，包括土豆和牛肉，有 95% 都是本地产品。在 1400 名员工中（1994），只有 3 人持有海外护照，而这 3 人也是华裔。[22] 本土化显然是麦当劳在北京经营的明确追求。1993 年，麦当劳的一个发言人说："麦当劳想在北京长时间待下去，我们的策略是本土化和扩张。"[23] 在 1994 年的一次访谈中，北京麦当劳总经理赖林胜告诉我："我们公司为成千上万的人提供良好的服务与高质量的快餐。在北京，麦当劳必须是本土的，而不是美式的和异国的。我们必须成为中国的麦当劳。"他同样强调，公司目标是让麦当劳成为北京人日常饮食的一部分。虽然，从菜单、服务到管理都源自美国，但北京的麦当劳努力吸收了中国的文化特色。

为了把自己打造成为本土的企业，所有的北京麦当劳都积极地参与到社区的事务中去，并与社区内外的学校建立特殊的联系。比如，每年新学期开始的时候，麦当劳都会向附近学校的一年级新生赠送帽子和文具等礼物，并为前一年表现优异的学生颁发奖学金。[24] 在 1994 年的教师节，公司的员工访问了当地的学校并向老师赠送礼物。[25] 麦当劳还会选派员工，在高峰时期协助警察指挥交通，并清扫餐厅前的街道。更有趣的是，在天安门旁的麦当劳总店每天早上都坚持升国旗。1994 年 9 月 26 日，为了庆祝当年的国庆节，麦当劳还举行了一个特殊的升旗仪式。他们邀请了天安门国旗班的士兵来参加仪式，把这一事件转变成为重要的新闻。[26]

麦当劳第二个本土化的策略是借助恒温的环境和轻音乐，把餐厅变成了一个"休闲"的地方，这一功能与在美国的麦当劳大不相同。在高峰时段以外的时间里，人们时常踱进麦当劳，只是为了吃一杯奶昔或一袋薯条，这往往要花上半小时到一小时的时间。有时候时间甚至更长，人们在这里聊天、读报纸或谈生意。我曾经观察到两个人在麦当劳讨论手提包的销售，足足坐了两小时。正如我在前面说到的，年轻情侣和青少年们非常喜欢麦当劳，因为他们认为这里的环境很浪漫。女性（不分年龄段，也无论是单身或结伴）往往在麦当劳待的时间最长；而男性通常在用餐结束后就走。受访者们认为，这种性别上的差异，大概是由麦当劳不供应酒类决定的。

我的研究发现，北京麦当劳消费者的用餐时间，确实比美国消费者更长。1994年秋天，他们平均的用餐时间是25分钟（高峰期）和51分钟（非高峰期）。在北京，美式"快"餐明显慢了下来。一个有趣的佐证，是在我调查的97个大学生中，有32%的人认为麦当劳是休闲的象征，并强调他们去那里的目的是为了放松。

年纪较大的北京人也持有类似的观点。1994年秋天，我对两个退休的女士进行了细致的访谈。在不到两个星期里，我在同一家麦当劳看到了她们三次。她们是姐妹俩，都已年近六十，一个住在南城，一个住在北城。当看到1992年4月麦当劳开业的新闻后，她们作了定期在王府井的麦当劳（正处在两家的中间）会面的决定。两人时常要一份汉堡和饮料，聊上一两个小时，甚至更长。她们告诉我，她们喜欢麦当劳的环境，它干净、明亮、恒温，比记忆中的老北京茶馆好得多。姐妹俩熟知麦当劳，知道它在北京、上海、天津等地开张的情况，也对麦当劳的工作和管理了如指掌。当我问是否还有类似的顾客时，她们笑着说，"当然，"并告诉我她俩还在麦当劳结交了一些新朋友。

　　北京的消费者不仅仅把麦当劳视为休闲中心，还将它作为个人和家庭庆典的场所。最常见的仪式当然是儿童的生日聚会，在下文中我会详说。另外，成年顾客也会在那里举办庆典（虽然较少，而且成年人的庆典并不是麦当劳主打的活动），尤其是一些同龄的年轻女性时常这里举办团体活动（麦当劳不提供酒精饮品，这为女性的聚会提供了方便）。在我调查的 97 个学生里，有 33 个（其中 9 个男性）参加过麦当劳的生日聚会、欢送会、期末聚会，以及出国求学的庆祝仪式。一对 50 出头的知识分子夫妇告诉我，他们曾经三次在麦当劳举行庆祝仪式，一次是小儿子从别的城市大学毕业归来；一次是结婚 30 周年纪念；另一次则是近来妻子加薪。他们选择麦当劳的原因有二：其一，是他们觉得麦当劳比老旧的传统餐馆更新、更时尚；其二，对家庭聚会来说，这里的花费不算太贵（在传统餐馆，他们得花上 100 元，而在麦当劳，全家的花费超不过 30 元）。

直到迁址之前[27]，邻近天安门的麦当劳一直是民众最钟爱的聚会地点。1993 年 5 月，一群年轻的当代艺术家还曾经在麦当劳里组织了一个展览，展示先锋艺术和时装，包含了一些艺术具有政治性的主题，如背上印有苏联国旗的牛仔服。这一展览由北京的两个研究机构组织，并邀请了一些高层的官员和著名的学者出席。这是唯一一次麦当劳和政治性的事件扯在一起，也展示了洋快餐所承担的仪式功能。

麦当劳之所以在北京成了多功能的用途餐厅，得益于当时的北京缺少咖啡厅、茶室、冷饮店；此外，这也是它自身努力的结果，管理者以诱人的环境，尽可能多地吸引顾客。当地的管理部门接受了消费者把麦当劳作为一个与传统餐馆截然不同的地方的看法，他们也不打算教消费者们接受"吃完了就马上离开"的美式做派。但麦当劳如何解决高峰时刻的座位问题？答案是靠自我调节，因为大量等座的顾客自然会对吃完了的人产生压力，更重要的是，高峰期的麦当劳可不是一个休闲的去处。

本土化的第三个策略，是强调营造一种中国式家庭的环境。北京麦当劳的内墙上时常贴满了强调家庭价值的明信片和标语。为了营造家庭式的环境，餐厅雇用了不同年龄段的员工，并安排了一些上了年纪的员工作为接待员（下文再详述）。当时，很多已婚的子女已经不再和父母住在一起，所以，有越来越多的家庭在周末去吃饭。他们把这顿饭视为营造家庭和睦与稳定的方式。为此，麦当劳还制定了一个口号："欢聚麦当劳，共享家庭乐。"在农历新年、中秋节等假日里，餐厅还会延长开放时间*，并赠送小礼物、组织各种活动（如由志愿者组成的表演等）。总店的经理说，相关的行为是为了把麦当劳营造成一个真实可感的家庭化场所，以满足那些不想或不能在家里享受假日的消费者。这些家庭式的环境在报纸上被不断提及，从而吸引了更多的消费者。[28]所以，中国人和美国人去麦当劳的目的大相径庭，他们绝不是为了节约时间和金钱。

当然，美国的麦当劳也强调自己是一个家庭式的餐厅，这一形象也被美国消费者广为接受。根据康拉德·科塔克（Conrad Kottak）**的研究，麦当劳为在外的美国人提供了一个庇护所，一个家以外的家。"在熟悉的环境中，我们不必担心。因为我们该说什么、会看到什么、将吃什么和要付多少

---

　　*　译注：当时的麦当劳并非像今日北京那样 24 小时开放。

　　**　译注：康拉德·科塔克：美国人类学家。以对巴西、马达加斯加和美国本土的研究闻名。代表作有《人类学》、《文化人类学：欣赏文化差异》、《远逝的天堂：一个巴西小社区的全球化》等。

钱，这些因素都完全能够预知。"[29] 换言之，是日常化、可预测性和低价格，使麦当劳成为美国人的日常饮食。所以，美国人不会在麦当劳为个人或家人举办庆祝活动，也很少在假日里去麦当劳。而北京则相反，吃外国饮食的体验把人们吸引到麦当劳，通过这种体验（包括不用筷子），麦当劳把自己展示成为陌生的、非常规的、非家庭化的场所。他们到麦当劳不是随便吃午餐，而是到那里去用正餐或举办活动。也正是如此，周日、假期的麦当劳总是最忙的。也就是说，北京的消费者之所以把麦当劳视为家庭化的餐厅，是因为它在公共空间中为大家提供了舒适和时尚、用以促进家庭和谐的场所。

和美国麦当劳利用科技取代人力的做法不同[30]，北京麦当劳本土化的第四个策略，是高度依赖与消费者的互动。在日常的运作中，各分店门口必定有一个人来应答消费者；每个餐厅都有 5 到 10 个女员工来照看儿童和与父母聊天。这些女员工被赋予了亲属化的称谓 "麦当劳阿姨"，这一称谓模仿了餐厅的吉祥物 "麦当劳叔叔" 的命名。"麦当劳阿姨" 的使命之一，是和儿童与其他常来的顾客建立长期的友谊，把纯商业的行为转化为个体关系。[31]21 岁的 "麦当劳阿姨" 陈小姐告诉我，在工作了 7 个月以后，她认识了超过 100 个小朋友，从 3 岁到 12 岁。每天都有儿童来到餐厅，并向她问好："麦当劳阿姨，你好吗？"（知道她名字的就叫"陈阿姨"）。她时常和点餐前的孩子与父母聊天。虽然她认识到和孩子聊天属于自己的职责，但她强调："这让我感觉很好，就像在大家庭里一样。我尤其高兴和自豪的是，在街上走的时候，有孩子认出我来，并和我打招呼。"这种感觉是互相的，一些父母告诉我，他们的孩子来麦当劳并不仅仅为了吃的，还为了娱乐，以及从"麦当劳阿姨"那里获得特殊的照顾。一个女士说："这里让人感觉到有人情味儿。"总之，麦当劳的管理层致力于建设本土化的社会互动，他们需要在员工与消费者之间建立一种"人情"，以确立长期的、互惠的关系。[32]

有趣的是，"麦当劳叔叔"和"麦当劳阿姨"的活动范围并不局限于餐厅。在结交了年幼的消费者以后，员工们会把孩子的名字、地址和生日记录在"荣誉小顾客"的名册上。此后，他们会拜访孩子的家庭、幼儿园或小学，并在他们生日当天寄送热情洋溢的贺卡。[33]

本土化的最后一项策略，是把儿童作为主要的消费者群体。在计划生育政策的影响下[34]，孩子成为家庭的核心，并获得了 6 个成年人——父母、祖父母和外祖父母——的宠爱。作为"小皇帝"或"小公主"，孩子们的需求时常会得到家长的应允。当"小皇帝"说："我想去麦当劳吃东西"，这就意味着全家都要无条件护驾。麦当劳也深知"儿童是我们的未来"，前面说过的"荣誉小顾客"的名册，只是麦当劳进入中国家庭的诸多策略之一。其中最核心的策略是生日聚会。这种聚会在一个叫"儿童天堂"的区域内举行，可以接纳 5 个以上的顾客，孩子们能享受一个精心设计的、带有免费表演的庆典。庆典开始，餐厅会让"麦当劳叔叔"通过扩音器用中英文双语播报小朋友的名字和年龄，并致以祝贺；然后，播放双语的生日歌；接着，"麦当劳阿姨"带着孩子们玩游戏，"麦当劳叔叔"则分发小礼物。在庆祝过程中，"麦当劳阿姨"会亲自送来食物和饮料，让孩子们觉得受到了重视。

当代中国"小皇帝"现象的表现之一，是父母们望子成龙，乐于花大量金钱投入在子女的教育上。我们时常能看到这样的现象，工薪阶层的父母每周陪着子女去上钢琴或电脑课，而其实他们自己对这些东西所知甚少。在课上，他们比孩子们学得还要起劲，因为他们希望能获得辅导孩子的知识。麦当劳的管理层看到了父母对孩子的高度期待，决定在餐厅推行学习性活动。他们提供纸、笔让孩子们画画；在中小学举办作文比赛；一些餐厅还为孩子提供文艺表演的场地，并组织父母观看。比如，1994 年 9 月，为了庆祝教师节，京津两地的 8 个分店一起合作，举办了一个以"我的老师"为题的作文比赛，餐厅为 160 个优胜者提供了礼物和获奖证书。[35] 一家位于北京东部的分店则会在每个傍晚，安排两个"麦当劳阿姨"带着孩子跳 20 分钟的舞，并向参加的孩子赠送礼物。这个分店的经理告诉我，为了确保所有的孩子都能参加进来，员工会不时地创编新的舞蹈。"我们希望父母能知道，孩子们不仅是被餐厅的食物所吸引。在这里，他们还能学到很多东西。"

1994 年 8 月，受迪士尼主题乐园的启发，国内第一家麦当劳的主题餐厅在北京开业。餐厅的内部装潢成一条大船的样子，员工们穿着蓝白相间的海魂衫（而不是传统的工作制服）。餐厅新开发了一个项目，叫作"麦当劳叔叔的冒险之旅"，这个活动让孩子们想象他们乘坐一艘由"麦当劳叔叔"领航的大船驰骋海上。据经理说，这是为了增进孩子们的世界地理常识，并激发他们的想象力。

在访问一所小学的时候，我发现，"麦当劳叔叔"在孩子中非常受欢迎。68 个接受我访谈的小学生（三年级到六年级）都能认出这一人物形象；在谈到他的时候，很多人表现得非常激动。孩子们说，他们之所以喜欢"麦当劳叔叔"，因为他集好笑、绅士、亲切于一体，有些人还强调，他非常懂得孩子的心思。在这些孩子中，有1/3的人觉得"麦当劳叔叔"是从美国来的，其他孩子则认为他来自北京的总部。当被问到关于麦当劳的最有趣的经历时，一个六年级的学生说，他曾在没有父母的陪同下，和4个朋友一起到麦当劳庆祝生日。他们事先预约了座位，当抵达时，"麦当劳阿姨"为他们准备好了一切，还与他们一起吟诗、唱歌、玩游戏。一个三年级的孩子说，她最开心的时候，是在餐厅的扩音器中听到自己名字，并受到生日祝福的时候。在我即将结束访谈的时候，一个三年级的男孩冲我跑来，并问我："你是'麦当劳叔叔吗'？"我回答："不，我不是。怎么了？"孩子答道："你的眼睛和他很像！"为了证明自己的话，男孩拿出一支"麦当劳叔叔"赠送的笔，上面有一个小汉堡。我随即恍然大悟，对于男孩和他的朋友们来说，"麦当劳叔叔"是真实存在的，并深刻地影响到了他们的生活。

需要指出的是，孩子们如此喜欢麦当劳，部分地、间接地和我前面谈到的美式文化和现代化有关。正如前文所说，有一大批成年人是被他们的孩子或孙子带进麦当劳的，此后，即使他们不喜欢这类食物，或经济上难以负担，但他们仍会应孩子的要求去麦当劳。问题是，为什么孩子的愿望成为如此有力的动机？当然，父母的溺爱（计划生育的影响又加重了这种溺爱）是原因之一。不过，一位时常和女儿一起去麦当劳的母亲却给出了另一个答案。

这位女士告诉我，在花了一年的时间"适应"后，现在她已经能享受洋快餐的乐趣。现在，她至少和女儿一周去两次麦当劳。当我问及是否觉得价格过高的时候，她说，鉴于这是一家美国餐厅，这样的价格尚能承受。她还说："我想让女儿能多学习美国文化。她现在正在上英文打字培训班，我打算明年就为她买一部电脑。"显然，对于这位母亲来说，吃汉堡、薯条，和学英文打字和电脑技巧一样，是让女儿接触美式文化的一种方式。换言之，她希望女儿不仅学习现代社会需要的技巧，同时也要懂得享用现代食物，这样，长大后才能成为懂得享受现代化生活的成功人士。如果女儿喜欢的是"低级"食品（比如中国农村常见的五谷粥之类），母亲还会心甘情愿地实现女儿的要求吗？当然不会。

在当代中国，这样的妈妈随处可见。面对孩子的需求，家长们通常有理性的考虑。尤其是对那些中年人来说，他们在"文化大革命"的动乱中失去了晋升的机会，只能寄希望于孩子，希望孩子们能实现他们年轻时的梦想。因此，父母们用各种方法鼓励孩子学习各种现代社会的技能（钢琴、电脑……）并省下钱来满足孩子对现代食品、衣物、玩具各方面的需求。即使孩子们已经到大洋彼岸留学，父母们依然如此。多位刚来美国留学的孩子告诉我，远在中国的父母提醒他们要多吃奶制品，他们相信是奶制品让美国人强劲有力。在这里，食物不仅具有营养价值，还成为一个象征性的力量。父母们之所以如此在意孩子们，是因为他们希望孩子们的生活比自己优越。正如杰克·古迪（Jack Goody）*对非洲社会饮食文化变迁的研究指出，饮食消费模式变迁的原因之一，是父母将孩子视为未来的投资，是"努力维持并提高他们人生成就"的一部分。[36]

消费主义的兴起与麦当劳的成功

20 世纪 80 年代初，麦当劳开始和中国谈判，希望能打入中国这个全球最大的市场。1983 年起，麦当劳开始向中国

---

* 译注：杰克·古迪：英国社会人类学家，剑桥大学社会人类学教授。作为一个百科全书式的学者，他的研究包罗了东西方文化比较、食物研究、历史人类学等领域。代表作有《烹饪、菜肴与阶级：一项比较社会学的研究》、《偷窃历史》、《西方中的东方》。

采购苹果，用于制作日本麦当劳的苹果派；接着，又在中国研发食材的配售与处理。[37] 不过，北京的第一家麦当劳直到1992年才开张。在此期间，中国的消费模式出现了革命性的变化。在经历了15年的经济改革，生活水平随之提升后，北京的市民不再只会购买生活必需品，而是开始购买各式商品，并享受购物的乐趣。这一趋势也表现在饮食文化上，人们开始对不同的饮食产生兴趣，外出聚餐成为有闲、有钱的人偏爱的休闲模式。这些人日益重视身体的健康，因此，洁净和有营养已经取代了廉价，成为这些消费者选择餐厅的主要考虑。麦当劳在消费主义兴起的语境下，吸引了大量中国消费者。

消费是政府经济改革中一个重要的层面。为了激发市场的活力，改革者在20世纪80年代初期起就鼓励消费性支出。当时有一句著名的口号，叫"能挣会花"，这句口号与毛泽东时期"艰苦朴素"的官方意识形态背道而驰。自然，当时的大众媒体也掀起了关于新式消费主义的争论。在理论层次上，"超前消费"和"高消费"受到了激烈的批判；而在实践层次上，消费主义却成为一股摧枯拉朽的潮流。从消费者协会1994年的统计数据来看，与前十年相比，当年的人均支出增长了4倍。"硬消费"（食物、衣物等日常生活必需品）与"软消费"（娱乐、旅游、时尚、交谊支出）的比例，从1984年的3:1，变成了1:1.2。[38]1990年以后，中国掀起了新的大众消费浪潮，室内装潢、电话与BP机、空调、健身设施和旅游等大行其道。[39]新富阶层对奢侈品的超前消费和对进口商品需求的增长，成为大众文化中的显著现象。[40]一些中国学者就认为，奢侈品市场的扩大是现代生活方式的特征，也是后工业社会的独特现象。[41]

有一个很好的例子能说明当时消费性需要的增长，那就是"三大件"概念的变迁。在20世纪60—70年代，"三大件"指的是手表、自行车和缝纫机。当时，各家各户要积攒多年，才能买下这些昂贵的东西（平均每件价格为200元）。在20世纪80年代，"三大件"变成了彩电、电冰箱和洗衣机，每一件基本得花费1000元。到了90年代初，电话、空调和家庭影碟机构成了新的"三大件"。而对于新兴的企业家来说，房子、私人轿车和现代通信工具（比如手机和传真机）才是他们理想的"新三大件"。在1994年的一次调查中，新富阶层——2%的中国人已经具备了购买"新三大件"的能力。[42]

表2 北京年轻人每月支出

每月支出（元）	统计人数	百分比
1–499	347	34.7
500–999	469	46.9
1000–1499	94	9.4
1500–1999	48	4.8
2000–2499	20	2
2500–2999	6	0.6
3000 以上	16	1.6
总计	1000	100

（来源：《北京青年热心高档商品》，《北京工商时报》1994 年 7 月 16 日）

在过去十年（1984—1994）里，北京青少年的消费能力迅速增长，他们在消费主义的大潮中起到了引领性的作用。在 1994 年初，一个日本咨询公司对 1000 个 16—30 岁的北京年轻人展开了调查，结果让人惊讶。上述的表 2 展示了这些人手头可支配的钱款数目。

2/3 受访者的月消费达到了 500 元，甚至更高。这些年轻人最想买什么呢？调查显示，53% 的人希望买房子，57% 的人会选择买汽车。[43] 也正是如此，近几年，驾校也获得了急速的发展。[44]

对于普通市民而言，购物成为日常生活中越来越重要的一部分；正如前文提到，人们对非生活必需品的需要在增加。[45]证据之一，是青少年对现代购物中心和各种商品了如指掌。一个小学老师告诉我，她班上的孩子们对品牌的了解比老师们更多。每个周一，这些孩子会互相交流周末在商场购物的经验。为了试验孩子们的知识，我拿了一本新出的汽车杂志，让我的两个 9 岁的侄子辨认汽车的品牌。令人惊诧的是，他们迅速地认出了超过一半汽车的品牌和制造商。

在饮食上，消费主义的重要表现之一，是人们对外出就餐兴趣的增长。《消费者》杂志的一份报道显示，北京将近 75%的上班族不在家里吃早饭，他们或在街头摊点，或去餐厅，包括法式生活（Vie de France）或山姆大叔（Uncle Sam's）等西餐厅吃早点。到餐厅用晚餐也成为社会各阶层的休闲方式。[46]据北京统计局 1993 年的调查显示，营养价值成为北京市民选择餐厅时首要的考虑。调查中最有意思的发现，是消费者对非中式食物产生了浓厚的兴趣，有将近一半人（49.7%）曾在麦当劳或肯德基之类的西式餐厅吃饭。[47]

为了迎合消费者的需求，近年来，有数千家餐厅陆续开张。1993 年底，从五星级大酒店到路边摊，全北京有 19000 家饮食机构。其中超过 5000 家是国营的，55 家是中外合资企业，14000 家是私营企业或者"个体户"。但餐厅的淘汰率也很高，达到了 1/2。[48]

尽管餐厅数目暴增，但北京市民仍然抱怨外出就餐是件难事，就像是冒险一样。90 年代初，北京一度盛行对食品的恐慌。谣传有很多人因吃了外地人办的路边摊或无照餐厅的食物中毒而亡。其中一个故事，是卖油饼的小贩把洗衣粉当作发酵剂，毒死了不少人。[49] 很多北京的受访者抱怨，在吃中餐时，他们只有两种选择，要么花大价钱到高档餐厅吃干净、卫生的食物，要么冒着生命的危险，去一些不知道在厨房里搞什么名堂的餐厅。

很明显，北京市民需要干净、可靠、中档价位的家庭餐厅。西餐厅符合了这一需求。而其他一些模仿肯德基或麦当劳的本土快餐往往在卫生方面无法达到顾客的要求。一名观察者指出，快餐业的"硬件"很好模仿，但它的"软件"（服务与管理）却不是一夜就能建成的。麦当劳在"软件"方面最重要的特征，就是高标准的卫生水平，包括洁净的就餐环境与新鲜的食物。[50] 北京的媒体时常报道麦当劳对卫生的重视，用以批评一些本土竞争者的糟糕情况。[51] 近来的一项调查显示，在过去 15 年里[*]，随着消费主义的增长，北京市民的生活标准日益提高，相应的，他们越来越重视食物的处理方式和健康的关系[52]，对卫生的要求也更加严格。20 世纪 90 年代，中国经济持续增长，人们需要干净和可靠的食物，这使跨国的食品产业在北京的消费者中流行起来。

结论：全球—本土联结下的金色拱门

麦当劳在北京的经验是跨国体系"本土化"的典范。在北京的文化环境中，效率与廉价——这两项美国麦当劳最重要的特征——显得不再重要。当人们搭出租车，花费 1/6 的月薪去麦当劳时，他们显然不再会介意有无效率和廉价与否。当消费者们在麦当劳排数小时的队，休闲、聊天、阅读、听音乐、庆祝生日时，他们早已消解了快餐"快"的意义。显然，北京的麦当劳已经转变成了中产阶级家庭生活的一部分，在这里，人们可以享受休闲的时刻，并体验中国版的美式文化。

就像前面说到的，这种中国版的美式文化，是麦当劳的

---

*　编注：截至本书英文版问世的 1998 年。

管理层、员工以与顾客互动的结果。作为美国文化与现代化的象征，麦当劳受到了新兴的中产阶级和对美式饮食好奇的普通市民的欢迎。这种对美式文化的强烈兴趣，使麦当劳的汉堡和薯条——这种美国的家常便饭——成为北京人眼中珍稀的、时尚的美式饮食。尽管这种转变对麦当劳的长期发展未必是好事，但和其他大型跨国公司一样，麦当劳的发展必须依赖于它增进消费者需求和扩大快餐市场的能力。麦当劳的目标群体，是大量的普通消费者，因此，它需要像悉尼·明茨（Sidney Mintz）*所说的那样："转型为民众日常生活中必需的仪式，建立每天都离不开的形象。"[53] 换句话说，麦当劳要进一步扩展，就需要一方面将食物和组织方式本土化，把自身转化为北京市民日常生活的一部分；另一方面，则维持自身作为美国文化的象征。这也是麦当劳的管理层煞费心机以适应本土文化的原因。

本土化的进程还有另两个面相：其一，北京的消费者如何接纳麦当劳的食物与文化；其二，本土的饮食业如何发展中式快餐以应对麦当劳。第一点已在前文中得到了探讨（消费者赋予了麦当劳多种的功能，就是最显著的例证）。快餐在

---

* 悉尼·明茨：又译作西敏司，美国人类学家，研究侧重为食物、拉丁美洲与加勒比文化。作品有《甜与权力——糖在近代历史上的地位》等。

中国饮食文化中有固定的意义，这也影响到了消费者对麦当劳的接受。我发现，很多受访者往往将麦当劳、肯德基和必胜客视为正规的餐厅，而把路边的盒饭才视为"快餐"。当人们坐在麦当劳舒适的餐厅里，往往觉得这是正规的享受，所以，他们才会在里面花尽可能长的时间。

洋快餐的成功对本土的快餐业也产生了挑战。自1990年始，很多本土餐厅致力于开发自己的快餐，以应对竞争。他们效仿肯德基，推出了"荣华"、"香妃"等数款烤、炸鸡。本土的模仿者与洋快餐之间的竞争在1992—1993年达到了白热化的程度。北京的媒体称之为"快餐大战"。[54] 此后，大多数本土快餐业开始主推传统饮食，像面条、米食、煎饼等。最典型的例子，是成立于1993年的北京快餐公司，这家公司迅速地发展出了千余家分店和摊点。公司提供50多种不同的快餐品种，包括了5种基本餐：烤鸭、炒饭、饺子、面条和肉饼等，并配有汤和开胃酒。[55] 这家公司的领导层中，有一些人曾供职于肯德基或麦当劳，他们在那里学了不少管理技能。公司的目的是把现代的制作方法和卫生标准引入传统的饮食，从洋快餐独霸的市场中杀出一条血路。[56] 有趣的是，在本土快餐业的发展过程中，不论是经营者，还是政府，都把麦当劳视为管理和食品卫生的标杆。一个在麦当劳从事公关事务的员工告诉我，每个月，餐厅都会邀请数十个本土的竞争者和官员来参观取经。[57]1993 年，北京最有名的传统餐厅全聚德还派管理层去麦当劳学习经验，并在 1994 年初推出了“烤鸭快餐”。[58]

　　我的研究显示，在对跨国公司的冲击作出结论之前，分析者需要先了解当地消费者的回应方式。全球文化是多元而非单一的，因为本土文化就像理查德·亚当斯（Richard Adams）*所说：“将经由资本主义的特殊机制，持续形成新的社会实体、新的形态”。[59]丹尼尔·米勒（Daniel Miller）**在研究特立尼达（Trinidad）***民众对美国肥皂剧的接受时也发现，当地人能积极地把外来的节目融入自己的社会生活中去。外来文化和它起源地的关系不再那么紧密，真正重要的是它的本土化结果。[60]

　　在我看来，像麦当劳这类跨国公司最重要的贡献，在于它联系起了不同的文化。北京的个案显示，美式文化是北京

---

　　*　译注：理查德·亚当斯：美国人类学家，代表作有《能量与结构：一种社会权力的理论》）等。

　　**　译注：丹尼尔·米勒：伦敦大学学院人类学院人类学系教授，致力于物质文化与消费的研究。代表作有《物质文化与大众消费》等。此处所举的特立尼达的例子即来自《物质文化与大众消费》一书。

　　***　译注：特立尼达全称特立尼达和多巴哥共和国（Republic of Trinidad and Tobago）是一个位于中美洲加勒比海南部、紧邻于委内瑞拉外海的岛国。

麦当劳吸引中国顾客的主要原因。消费者要"品味"美国，从而创造了中国版的美式快餐文化。所以，只有在本土化的语境中，我们才能理解麦当劳在北京的成功。中国饮食历史悠久，外来食品想融入其中，自然要经历本土化的过程。在此，我不禁要预测，20 年以后，麦当劳"美国化"的形象必然会成为老一辈居民脑海中逐渐淡忘的记忆；新一代的北京人会将巨无霸汉堡、薯条和奶昔作为再普通不过的本土饮食。

第二章　麦当劳在香港：消费主义、饮食变迁与儿童文化的兴起

詹姆斯·华生（James L. Watson）

1969 年严冬的一个下午，我的邻居孟先生和我兴致勃勃地谈起了 600 年前，他的祖先们在香港新界新田村经营茶叶的传奇故事。在这个冬天，我们频频谈及地方史，这些故事已经填满了我的好几本笔记。突然，他停下来，靠着椅背，开始描述他记忆犹新的一顿大餐。他用大量的细节，介绍了每一道菜的味道、原料、佐料，以及上菜的次序：

> 青蟹豆腐羹，撒上姜末，盛在瓷质的蒸锅里；葱油红鲷；脆皮烤乳猪；氽烫 15 秒的明虾；五彩金鱼形状的蒸饺；涂上茴香，烤了一整天的全鸡；鸡油白菜炒饭，

　　米饭是刚从番禺地区收获的⋯⋯

　　这简直是足以飨神的美食。孟先生的描述如此生动，仿佛是在回忆前几天在元朗吃的喜宴。后来，我才从他妻子口中得知，那是 50 年前，他 16 岁时在广州吃的一顿饭。当时父亲带他去那里跑生意，父子俩受邀去一家华南顶级的餐馆赴宴。

　　我的邻居对饮食的关注并非特例，他只是我在香港和广东省 28 年田野调查的个案之一。无论是街头小贩，还是坐拥亿万的房地产商，这里的人们都以本地的饮食为荣。毫无疑问，粤菜是中国最有名的菜系之一。[1]"我们广东人⋯⋯"只要在一起吃饭，孟先生就会和我说，"我们的饮食是世界上最好的！"

　　那么，在本土饮食强势的影响下，我们该如何解释美式快餐在香港和广州——这两个粤菜大本营——的成功呢？在全球最繁忙的 10 家麦当劳中，有 7 家在香港。[2]当麦当劳 1975 年在香港开张时，很少人相信它能挺多久。到 1997 年 1 月 1 日，香港已经有了 125 家麦当劳*，平均一家为 51200 个

---

　　*　译注：截至 2014 年，香港麦当劳的数量已经达到了 239 家。

居民服务；而在美国，一家麦当劳只服务于 3 万人。[3] 这些餐厅和克利夫兰或波士顿的装修完全一样，只有两点明显不同：多数顾客讲广东话；菜单是中英双语的。

跨国主义与快餐产业

麦当劳和其他洋快餐的成功，是否意味着香港本土的文化受到了冲击？饮食连锁业是否制造了一个由资本主义主导的、同质的"全球"文化？显然，饮食在生产与维系地方认同（local identity）上起到了核心作用，所以，香港是检验全球化效果的绝佳地点。今日，孟先生的后人们是汉堡、比萨与可乐的忠实拥趸，那么，和祖父一代相比，他们是否不再那么"中国"了？

在我看来，香港是一个瞬息万变的地方，所以，学界关于全球化的传统看法也有待调整。20 世纪 60—70 年代，学界盛行的是新马克思主义（Neo-Marxian）和依附理论（Dependency Theory）*，但它们对跨国体系的复杂性并没有

---

* 译注：依附理论盛行于 20 世纪 60—70 年代，该理论认为广大发展中国家与发达国家之间是一种依附、被剥削与剥削的关系。在世界经济领域中，存在着中心 / 外围（center/periphery）两个层次。发达资本主义国家构成世界经济的中心，发展中国家处于世界经济的外围，受着发达国家的剥削与控制。

足够的重视。[4] 香港经济和社会的现实，促使我们必须用一套全新的方法来面对全球化的相关问题，必须把消费者自身的观点纳入到研究视野中去。

本章聚焦于香港的本土文化，把关于全球化的话语放置到具体的地域中展开考察。在我看来，香港民众拥抱美式快餐，并借此成为全球饮食革新的先锋。但是，他们既未失去自身的文化传统，也没有被"美国化"。20世纪90年代后期，香港处于最异质性的环境中。青少年精通各种跨国性的事物：语言、音乐、体育、服饰、卫星电视、网络通信、环球旅游……当然，还有饮食。显然，我们已经无法区别什么是本土的，而什么不是。在香港，跨国的就是本土的。

外出就餐：一部消费社会史

1975年，当麦当劳在香港开张时，民众已经熟稔了"快餐"的相关概念。公务员、店员、教师、运输工人共享着各种不同的外卖。饮食从业者把午餐送到工作地点，这一服务已有百余年之久。20世纪60—70年代，有数以千计的街头小贩向大众提供全天候的小吃和便餐。在香港，时间就是金钱，当地饮食业取胜的两大关键，就是速度和便利。另一个重要的标准，是必须提供热食，因为中国人不会将三明治和沙拉等"冷食"纳入正餐。华南地区老一辈的居民还把冷食等同于祭品，并不乐意享用。

香港的快餐产业需要供应热食，这样才能和面店、饺子店、煲汤馆、烧烤摊等传统饮食业抗衡。第一家加入竞争的现代连锁店是大家乐茶餐厅（Café de Coral），这家本土公司开创于 1969 年，如今，它仍是香港快餐业的领头羊（根据 1994 年的数据，大家乐有 109 家分店，并占有 25% 的香港市场，而麦当劳则占有 20% 的市场）。[5] 大家乐的策略很简单，它把街头小摊卖的食物移到洁净、明亮的咖啡馆；提供迅速的服务与适宜的价格；把受欢迎的广式餐点和在香港已经流行了几十年的西餐结合起来。大家乐提供典型的坏太平洋地区菜色：烧鸡翅、咖喱饭、热狗、照烧肉汤面、肉丸意大利面、烤排骨、红豆圣代、阿华田饮料、绿茶和可乐。这种菜式非常成功，引起了 10 余家模仿者纷纷效尤，其中有 3 家已经形成了大规模的连锁店。

许多出过国的香港人对美式快餐并不陌生，但直到 1975 年 1 月 8 日第一家麦当劳开张，普通消费者才有机会尝到这一食物。当然，麦当劳的三大元素：汉堡、薯条、可乐在 50 年代中期就已经相当普遍。在香港到处可见的俄罗斯餐厅（由被革命浪潮席卷南下的俄罗斯移民经营）中，汉堡早就是儿童餐的基本构成部分。在这些餐厅、咖啡馆里，香港的中产阶级学会了吃西餐。不过，一些势利者往往看不上本地产的汉堡。英式的薯条（把土豆切成粗条再炸）也能在香港吃到，但并未得到华人消费者的青睐。可乐却相反，自从 20 世纪 40 年代末期被引进以来，它一直是香港最流行的饮料之一。[6]

20 世纪 70 年代中期，香港经济迅速发展，从工资低廉的轻工业前哨，转型为了金融服务与高科技产业的中心。麦当劳的成功，与新富阶层的崛起相关，这些人受过良好的教育，改变了香港这个世界上生活压力最大的都市的环境。[7] 和父母相比，这些新的消费者时常外出就餐，为各式快餐迅速发展创造了时机。[8] 为了能在这个市场中展开竞争，麦当劳需要提供一些不同的东西。在前十年（1975—1985）的经营中，公司的策略是把自己包装成纯美式的、中产阶级的饮食。

要了解一家美国连锁公司是如何成为香港饮食业的胜出者，我们必须考察它的管理。麦当劳在香港的总经理伍日照把这家在对手眼中没什么前途的餐厅转变成为香港最成功的传奇。[9] 这位具有美国教育背景的工程师做出了至关重要的决定：避免与本土的中餐竞争。他如此说："如果我雇了香港最好的厨师来为大家做饺子，这吸引不了多少人，因为没有人相信美式餐厅能做出好饺子，哪怕我自己也不信。"[10]

伍日照认为，用地道的、不折不扣的美国食物才能吸引本地消费者。早些年，公司的名字"McDonald's"并没有被译成中文，而是直接用英文呈现，以强调它的外国特色。直到公司建立起了名声之后，才把店名译成了中文。

鉴于英文名字在翻成中文的过程中常常会引起误解，翻译的过程格外谨慎。伍先生希望用音译的方式来翻译"McDonald's"，而非意译，即创造一个听上去像中国企业的名字。此前，肯德基进驻香港时，选用了"家乡鸡"的意译，这招致了大量消费者的反感，一个老居民大呼："肯塔基当然不是我们的家乡！"[11]

伍日照最初希望避免使用"麦当劳"这三个字，因为它和当地一条著名的街道"麦当劳道"（MacDonnell Road）重名。公司一度把名字译成了"麦当奴"，几经讨论后又把它改成了"麦当劳"。这一名字并无特殊的含义，但使用汉语的人马上能明白，这是一个外国名字的音译。伍日照和他的部下希望借此传达给消费者一个信息：这里和别处不一样。

观念分类：小吃 vs 正餐

与东亚其他地区一样，香港的麦当劳也面临同样的问题：汉堡、薯条和三明治被认为是"小吃"，在本土的观念中，"小吃"并不构成正餐。直至今日，这一观念在一些年老的、相对保守的消费者中仍然盛行，他们不相信汉堡、热狗和比萨能"吃饱"。很多学生也在回家的路上与同学一起到快餐店吃汉堡和薯条，然后再回去和家人吃正餐。父母们并不认为这有什么不妥，因为他们下班后也会去喝茶和吃点心。和朋友、同事吃茶点是华南地区一项重要的社交和商贸活动。茶楼、咖啡馆、面包店和冷饮店在这里非常普遍，因为它们提供了一个稳定而非正式的社交场合。此外，不同于中式餐厅和宴会大厅，小吃店不用花费太多的时间和金钱。

所以，与公司原来的构想相反，麦当劳是以小吃业的姿态进入香港的。直到20世纪80年代末期，常吃非中餐的新一代消费者才把麦当劳视为正餐。拜麦当劳所赐，汉堡、薯条现在成为香港午餐的一部分。不过，傍晚仍是麦当劳市场相对冷清的时候。而令人意外的是，早餐时间却成了客流量的高峰时刻。

香港消费者的日常用语，或多或少体现了人们对食物的观念分类。粤语把汉堡叫做"汉堡包"，"堡"指带馅的包子或面包，"包"则是典型的点心。在华南，正餐往往由饭和菜（肉、鱼、蔬菜等）构成 [12]，所以，无论再好吃，再有营养，"包"仍不足以构成饱餐的基础。在美国文化中，汉堡首先被视为"肉"（人们往往会为其中的脂肪和胆固醇发愁）；而在香港，汉堡则很少被视为"肉"，当地的消费者往往把两篇面包夹起来的食物（汉堡、鱼肉三明治、热狗等）称为"包"。[13]

从异国风味到日常饮食：麦当劳的本土化

和在其他国家、地区一样，[14] 香港的麦当劳提供基本的菜式，而没有推出华人消费者更能接受的饮食（如米饭和汤面等）。直到最近，这里的麦当劳和亚拉巴马州的摩比港与伊利诺伊州的莫林提供的餐点并无二致。[15] 当然，消费者也有本土化的选择，各分店卖得最好的是鱼肉三明治和猪肉汉堡；孩子们和青少年则最爱麦香堡。热茶和热巧克力比咖啡卖得好，可乐则仍是最受欢迎的饮料。

在早餐的提供上，麦当劳也采取了保守的策略。20 世纪

80 年代麦当劳推出早餐时，并没有提供煎蛋、松饼、煎饼和薯饼等常见的美式菜色，他们只出售标准口味：汉堡和薯条。进军早餐市场的策略非常成功，所以，伍日照对是否引进系列的美式早餐犹豫不决，他怕迅速变换菜单会失去那些习惯以汉堡薯条为早点的顾客。[16] 引进煎蛋、松饼和薯饼的过程是渐进的，今日，大部分香港消费者的麦当劳早餐和美国民众享用的已很类似。不过，饮食口味一旦建立起来，就很难改变。在大多数香港麦当劳中，早餐仍以猪肉汉堡（而非牛肉馅的麦香堡）为主。

上述的经营策略使麦当劳成为今日香港大众文化的象征。从 1975 到 1985 年，麦当劳成为年轻人休闲的、无等级差异的、体现美国文化的场所。第一代消费者要求的正是一个完全非中国化的麦当劳，一个摆脱了香港贫穷落后、一无是处的殖民地形象的麦当劳。正如前文说到，当时的香港正在变化中，一种新的消费文化也在形成中。麦当劳抓住了这一时机，借势发展起来。

人类学常用的理论与方法往往不能很好解释商业眼光、管理上的创造力等因素。人类学学者习惯于考虑群体行为，重视联盟与社区的作用，相对忽视个体性。而在研究公司文化时，我们必须注重管理层面——更具体地说，是作为个体的管理者——的决定性作用。在考察香港的麦当劳时，我们需要重视个体的魅力、领导能力和个性的作用。[17]

麦当劳能从一个异国的、吸引很多注重自我形象的消费者的时尚餐厅，转变成为一个价格低廉且能吸引忙碌的普通消费者的连锁店，要归功于伍日照及其部下的不懈努力。如今，香港的麦当劳里挤满了各个年龄段的消费者，他们已不再是为了体验美国文化而来。在伍先生经营麦当劳 20 年后的今天，对于成千上万的香港居民而言，在麦当劳用餐已经成为日常的、普通的体验。这个连锁店已经成为都市生活的一部分，成为老少皆宜的聚会地。

根据 1994 年 6 月的价格比较调查显示，与同类竞争者相比，香港麦当劳的价格要低很多。[18] 如果进一步把其他的餐饮业，如中餐馆、面店、茶楼和饺子馆也算进去，我们就更能理解麦当劳的吸引力：一顿"超值餐"的价格还不到香港中档茶楼或面馆消费的一半。若以美元来换算（见表 1），直到 1997 年，香港麦当劳的价格仍是全世界最低的。[19]

表 1　1994 年 6 月比较价格（1 美元 =7.8 港币）

菜式	麻省剑桥地区（美元）（1994/6/5）*	香港中区（美元）（1994/6/16）**	港币
巨无霸汉堡	2.09	1.19	9.20
常规汉堡	0.59	0.54	4.20
中号薯条	1.09	0.71	5.50
中杯可乐	0.99	0.62	4.80
苹果派	0.85	0.51	4.00
鸡肉三明治	2.29	1.06	8.20
鱼肉三明治	1.85	1.05	8.10
普通咖啡	0.80	0.62	4.80
煎蛋松饼	1.57	0.93	7.20
麦乐鸡	1.89	1.15	8.90
奶酪三明治	0.69	0.61	4.70
薯饼	0.69	0.39	3.00

　　从异国风味到日常饮食的转变，可能也会在紧挨香港的深圳特区发生。在我撰写本文时，伍先生已经在这里开了好些分店。深圳是最早受益于邓小平改革开放政策的地区之一。如今，它已经成为一个急速发展的、把社会主义政治与资本主义经济模式结合起来的城市。深圳的消费情况和阎云翔描述的北京相似，两个城市的新富阶层都把麦当劳视为提供美国食物和文化的高档餐厅。深圳的第一家分店开张于 1990 年

---

* 　由伯纳德·齐（Bernadine Chee）搜集。

** 　由詹姆斯·华生（James Waston）搜集。

10 月 8 日，第一天就吸引了 12590 人——打破了 8 个月前俄罗斯麦当劳创下的世界纪录。[20] 到 1997 年 2 月，深圳已经有了 27 家麦当劳，为近 200 万消费者服务，其中的一部分人，包括孩子和高级政府职员已经把麦香堡和薯条视为日常化的饮食。

公共卫生与洁净

除了价廉物美，麦当劳成功的另一个关键是提供了其他餐饮店没有的服务。直到 20 世纪 80 年代中期，到香港普通餐厅的卫生间如厕仍像是一次大冒险。今天的卫生间都比较干净，但对于有早年如厕经历的人们来说，这简直是不可想象的。通过和各阶层民众的聊天，我发现，麦当劳在这一转变中起到了重要的作用。公司保持了洁净的高标准，即使在公共卫生不那么好的地方开分店，也从不降低这一标准。伍日照回忆，在创业的初期，他不得不反复地训练员工，让他们理解公司的卫生标准。[21] 当被要求擦洗卫生间时，很多员工大为不解，他们觉得公司的马桶已经比自己家的要干净万倍，但仍被老板认为不够洁净。当时，麦当劳的标准被认为是不可企及的，而它确实也在实际上提高了顾客对卫生的期待。[22] 竞争者也需要紧跟这些标准。消费者则开始在卫生间的洁净程度和厨房的卫生条件之间画等号。在 80 年代以前，很多公共餐馆（也包括不少家庭）的厕所往往挨着厨房。当时的人们并不认为这有什么不妥，因为它们都需要供水设施。而年轻的消费者则在麦当劳的环境中成长起来，不愿意在他们认为"肮脏"的地方吃饭。

我的访谈对象无一例外地都认为，干净便利的卫生间是他们光顾麦当劳的重要原因。[23] 女性更是如此，她们强调如果没有麦当劳，外出如厕会有诸种不便。1994 年 6 月的一次调查显示，麦当劳 58% 的消费者是女性，[24] 在韩国的个案中，朴相美（第四章）也得出了相似的数据。所以，对很多香港居民而言，麦当劳不仅仅是一家餐厅，它恰似都市中的一片绿洲，一个家一般的休憩地。

笑意味着什么？友善与公共服务

美国人常常会笑着为顾客服务，但正如我在前言中指出，"笑"并非全球的通行证，也并非都意味着开放和真诚。香港人往往对那些过分热情、殷勤或亲切的表现敬而远之。"要是你从小贩那儿买了个苹果，然后看见他在朝你笑，"我的粤语教师告诉我，"你会觉得自己被骗了。"

在这样的文化心态中，要贯彻麦当劳微笑服务的宗旨并非易事。因此，公司不得不花工夫向员工灌输友善（friendliness）的标准。在70年代以前，粤语中并没有"友善"这一类的词汇，"友谊"（friendship）往往指忠实于亲密的朋友，不能延伸到与公共或陌生人的关系上去。而今天，年轻一代已经接受并使用着这一概念。这种变化可能受到了麦当劳电视广告的影响，但对整体的餐饮业的影响却微乎其微。

在访谈中，我发现大多数香港人对服务人员在公共场合表现出的热情没有太大的兴趣。在购买快餐时，人们更看重的是便利、干净和足够的座位空间，即使偶尔有人提到服务，也不过是要求快点上菜。[25] 所以，香港快餐业（包括麦当劳）的柜台员工很少在服务中表现出美式的"友善"姿态，取而代之的是对当地文化价值的重视：能力、直率、镇定。要是把香港员工的表情移到北美，人们会觉得是那是粗鲁或冷淡。带着笑工作被香港人认为是耽于游乐而荒于工作的表现，用我在排队时听到的一句话来形容："他们肯定是在后厨玩，要不怎么会笑呢？"

消费者的自我约束？

正如导言中所说，美国快餐业通过和消费者协作的方式来节省成本。要做到这一点，消费者就需要被教育——或说自我约束——使他们承担起交易中自己一方的任务：麦当劳向顾客提供低价、便捷的食物，前提是消费者要自己端盘子、找位置、清理垃圾。因此，时间和空间是其中的重要因素，快捷的服务建立在消费者的自觉行为之上：他们快速就餐并离开，为后来者让出位置。这一形式给美国食品工业带来了革命性的影响，也形塑了消费者在其他领域的行为和期待。那么，香港人做得怎么样呢？他们是否遵守这些在美国伊利诺伊州奥克布鲁克市制定的规则呢？

答案既是肯定的，也是否定的。总体而言，香港消费者接受了这种快餐模式的基本元素，但也进行了本土化的调适。比如，消费者常常不愿自己取餐，也不会吃完就马上离开。此外，在当地文化中，餐后清理桌面是低人一等的行为。在进入香港的头十年，麦当劳付低廉的费用来雇用清洁工。顾客也习惯了吃完后把餐盒等垃圾留在桌上。80—90年代之交，人工成本上升，麦当劳企图通过店内宣传和电视广告来推广新的模式，让顾客自己服务。但直到1997年2月，情况仍没有太大的变化。香港的消费者不像北京的雅皮族（见第一章），会自己处理垃圾，他们仍然无视这一消费约束。

那么，人们又如何看待时间和空间的因素呢？据当地的管理者估算，多数消费者花费 20—25 分钟来进餐，而在美国，相关数据是 11 分钟。[26] 这一估计证实了我在市中心（维多利亚和尖沙咀区）的观察。在香港新界元朗区（一个从老旧的城镇发展而来的现代市区）的调查显示，那里顾客的进餐时间将近 26 分钟。[27]

美式消费模式最显著的特点或许是排队。很多研究者发现，即使管理者不断推行"教育"活动，世界上很多地方的消费者仍然拒绝在柜台前有序地排队。进入香港之初，麦当劳的顾客也是如此。在高峰期，餐厅经理不得不指派专人来管理队伍。到 80 年代，消费者已经习惯了有序的排队。这种变化和香港公共文化的变化同步，新一代的香港人——那些内地移民们的后代——已经把这里作为自己的家来建设。60 年代的市民并不懂如何礼遇陌生人，在高峰期挤公交就像一场噩梦，甚至在银行存取款也要凭蛮劲。很多人认为麦当劳是第一家提倡排队的公司，它创造了一种更"文明"的社会秩序。实际上，麦当劳并不是把排队引进香港的第一家公司，但这一观点却成为大众的共识。[28]

候餐和纸巾大战

如今，在香港的公共场所消费已经不再是体力上的挑战，但想要在麦当劳找个位置坐下来却仍不是件容易的事情。候餐这个传统的做法似乎是一种解决之道：找一桌快要吃完的客人，等在一边，有时甚至紧贴在人家身后。坐着的消费者时常无视这一状况，要是太在意反而会陷入尴尬。20 世纪 60—70 年代，排队候座是香港中低档餐厅常见的现象。近年来，这一现象已不多见，餐厅会采取在入口处登记名字或者发号码牌的方式，并设有"请等候座位"的中英双语标示。座位安排好后，消费者才能进入用餐。

不过，快餐厅是唯一仍存在候座行为的场所，部分原因是无法管制。麦当劳的等餐队伍是如此庞大，以至于美式就餐的方式根本无用武之地。香港人不是先排队再找座，而是成群结队前来，让一个人去占座，而其他人则去排队。[29] 孩子是最适宜去占座的，他们在人群中穿梭，寻找吃完就离座的人。观察这些孩子找座的速度，是民族志研究中的一个奇观。外国人有时候没有勇气等座，但当地民众则把候座作为这个世界上最拥挤城市生活的一部分。所以香港快餐业没有花太多力气去消除这一行为。[30]

但对于那些有损营业利润的举动，公司则不能忍受。在美国，快餐公司为了节省人力，会让顾客自行取用纸巾、吸管、一次性餐具和调料等。自我服务是快餐消费的基本制度，但它必须建立在消费者的自我约束之上。在香港，纸巾是由柜台提供的，员工一张张地递给消费者。消费者如果不主动要，就拿不到。[31] 这不仅与公司制定的原则相背离，还会增长交易的时间成本、拉长排队的时间。为什么香港的经营者改变了这个行之有效的办法？原因很简单：要是放在随意取用的公共场所，纸巾会被马上取走，用的速度比添加的速度还快。

20 世纪 60—70 年代的消费者没有自我服务的观念，快餐店也不让顾客自己动手。70 年代末，一些酒店引进了西式自助，引发了这一变化。自助的兴起是一个巨大的胜利，它掀起了餐饮业的革命：新富的中产阶级能迅速品尝到欧洲、泰国、印度和日本的各色菜系，而不用去读那些费解的菜单、学奇怪的礼仪。由于自助的推动，香港的消费者（尤其是青年一代）往往比台北、北京两地的民众更乐于尝试新的菜品。

自助餐和快餐都以自服务的方式来减低成本。尽管滥用自服务——如浪费或把食品带回家——的行为难以避免，但这些消耗已经包括在自助的价格中了。不过，快餐业则相反，它的价格更低，如果任由消费者滥用自服务，会严重地影响到利润。

在我的调查中，很多大学生说，他们常看见老一辈的消费者把一摞三四寸厚的纸巾装到口袋中带走。这些青少年把管理者阻止纸巾浪费的行为称为"纸巾大战"，他们对这种浪费资源的现象倍感惊异。不过，在谈话过程中，我发现"纸巾大战"并不只是和资源有关，这种行为还让年轻人想起了父辈与祖辈所经历的可怕的日子。尤其是在 20 世纪 60—70 年代，当时的香港社会受到了外来的、不关心香港利益的移民的影响。这种恐惧加剧了当地人在经济上的不安全感。[32] 当时人的计划很简单：挣越来越多的钱然后移民。到 80 年代，新一代居民才开始把香港视为自己的家，并致力于建设一种与国际大都市相符的公共文化。在这个新香港，市民们见多识广、家道殷实，为了自身的尊严，他们不会滥用公共资源。不过，在今日的麦当劳，纸巾仍然控制在员工手中。

抗争、环境保护和慈善事业

一些读者或许会把"纸巾大战"和其他偏离麦当劳标准的实践（如延长用餐时间与候座等）看作消费者对跨国公司

种种规范的反抗。这种观点不无道理，但在我看来，这并未真实反映香港的社会生活。在研究中，我总是给调查者足够的机会来提出对麦当劳的批评或表达对跨国公司的不满。在第四章中，朴相美也令人信服地展示了韩国消费者对在麦当劳就餐所包含的政治意义的高度敏感。韩国的公共舆论一直紧盯跨国公司的行为和它们开拓本土市场的举动，不仅是知识精英和学者，甚至社会大众也一直对外来资本充满敌意。

在香港，情况则完全相反。在公众场合和私下里，人们都不会谴责跨国公司。因为香港本身就是世界资本主义经济的产物。如果没有跨国银行、外国公司、外来投资者，香港不会在第二次世界大战以后作为一个准独立的经济体存活下来。在这样的环境里，麦当劳不过是构成了香港经济的成千上万公司中的一个，并不会成为政治争论的目标。

香港麦当劳几乎全靠进口：牛肉、鸡蛋、土豆、生菜、食用油、苹果派、一次性餐具。大量的原材料来自内地，但也有一些仍然来自美国，包括爱达荷州产的土豆[33]。在东亚的其他地区，这种进出口上的严重不平衡往往会被媒体视为是美帝国主义的经济入侵。因此麦当劳会尽量使用本地的食物供应，在韩国是这样，在亚洲以外的英国、巴西、俄罗斯也是如此。[34] 香港或许是唯一例外的地区，当地没有能力提供公司需要的原材料，所以，单单把麦当劳挑出来进行指责也就不再有必要。

但这并不意味着没有人批评麦当劳。在 1992 年 10 月 15 日和次年的同一天，一批大学生在香港最繁忙的麦当劳（位于尖沙咀的天星码头）门口组织了示威行动。世界其他地区也在这一天组织抗议活动，控诉麦当劳对环境的破坏。学生们散发传单，指责麦当劳从热带雨林地区购买肉牛，破坏了当地的生态。[35] 而实际上，麦当劳制定了严格的规定，禁止从这些地区购买肉牛 [36]。但是，和美国到处传播的都市传说（Urban Legend）一样，谣言是止不住的。传单同时也谴责麦当劳传播了美式垃圾文化，这些指控基本是照搬英国示威者散发的传单。

人们或许会认为，这样的抗议将在香港引起轩然大波，因为当地媒体往往会对公共抗议大加渲染。虽然当晚的电视节目报道了这一新闻，但这并未引发太大的社会反响，多数学生也对此无动于衷。虽然有一些持续的零星抗议，但这种示威并未像在墨西哥、英国和法国那样，引发大众和媒体持续而苛刻的关注。[37]

和大众想象的恰恰相反，实际上，香港的麦当劳把自己塑造成为推进环境保护和社会福利的先锋。麦当劳资助了一系列学龄儿童的生态夏令营，也支持当地的大学举办"绿色能源工作坊"（Green Power Workshops）。[38] 公司还按照美国的福利模式，组建了亚洲第一家"麦当劳叔叔"儿童医院。[39] 公司的广告则致力于把麦当劳打造成为本土的文化，与社区的健康紧密相关。正如 1994 年公司印制的一份双语传单所说："我们也是香港的一部分。"[40] 显然，与其他快餐业的竞争者相比，麦当劳把自己塑造成了积极参加社会公共事务的公司，这使反对者们无可置喙。[41]

作为消费者的儿童

1994 年夏天，我在香港一家奢华的酒店参加商业聚餐。我观察到，服务生俯身和一位消费者协商菜谱。这是一个 6 岁的孩子，老练地检视着菜谱。他的父母对孩子的天才颇为得意，但对面的祖父母则面带不满地枯坐一边。这种由孩子主导点餐的行为在 20 年前会引起所有在场者的侧目，而在 1994 年，除了同桌的亲人和我这个观察者以外，没人会在意。

20 世纪 70 年代以前，香港的孩子很少外出就餐。出去吃的时候，他们也只吃父母指定的食物。让孩子自己点菜或直接和服务生说话这类事，对当时的大人来说是不可思议的，只有外国孩子（尤其是英美移民的后代）才有这一权力。而今日，即便是两三岁的香港孩子，也已经成为本土经济中的有力消费者，形成了自己钟爱的品味和品牌。孩子们能自由支配兜里的钱，且时常把这些钱用在买零食上。[42]迎合儿童的产业和服务也相应兴起。麦当劳是最早认识到儿童潜在市场的公司之一，它让即使是最小的孩子也能够选择自己喜欢的食物，由此引发了一场消费上的革命。

如今，麦当劳在香港孩子中深受欢迎，以至于一些家长常把去麦当劳就餐作为对子女品行端正或学习优秀的奖励；相反，孩子要是在这些方面做得不好，就会失去在放学后、周日去麦当劳的特权。在我的访谈中，父母们常告诉我，这是约束任性孩子的最佳方式，一个父亲甚至说："这就是我的核威慑。"

我的调查发现，很多孩子非常喜爱麦当劳，以至于他们往往拒绝和父母、祖父母在其他中式餐厅或茶楼吃饭。这在香港一些较保守的社群中引发了代际冲突。[43]1994 年，我在麦当劳遇到了一个 9 岁的孩子，他的祖先是 800 年前定居新界的望族。他一边享用巨无霸汉堡、薯条和奶昔，一边和我说："阿伯，我喜欢麦当劳胜过世界上任何地方。我要天天来这里。"他的父亲每周至少带他来两次，祖父几年前陪他来过，但现在不愿意再来。老人后来告诉我："我更喜欢吃茶点，麦当劳是小孩子吃的玩意儿。"很多祖父母不得不顺应消费的新潮流，带着学龄前的孙子孙女来麦当劳吃早点，从而牺牲了他们吃早茶的时间。粤语地区的祖父母们在抚养孙辈上向来起到了重要的作用，过去孩子们只能顺从老人的喜好，但到了现在，孩子们占据了消费市场，早茶小吃被汉堡可乐所取代。

儿童成为消费者，这一现象还影响到了香港家庭内部的权力平衡。中小学生们对洋快餐和外国餐饮的熟悉程度远超老一代，他们知道在不同的餐厅该点什么、怎么吃。他们时常和同学分享这些专门的知识：哪家连锁店的比萨最好？什么是意大利饺子（ravioli）？怎么吃羊角面包？在香港的中小学，饮食，尤其是快餐食品是热门话题。而且，孙辈们时常扮演了老师的角色，教祖父母们怎么吃新奇的食物。如果没有孩子们的反哺，老一辈们会把汉堡扒开来吃，且只吃他们喜欢的部分。[44] 父母们也觉得用手，或者隔着包装吃东西很不习惯，而孩子们则是用手吃东西的行家，他们对电视广告里青少年吃东西的方式也极为熟稔。一个11岁的孩子告诉我，他和爷爷一起来麦当劳，可是爷爷不知道"正确"的吃法，弄得他有些尴尬。

很多幼儿园和小学都会利用午餐时间教孩子就餐礼仪：如何用刀叉、阅读菜谱、培养他们的对食物的趣味（如让他们尝试泰国、欧洲、印度的食物）。[45] 这么做的结果之一，是香港的青少年成为最精通各种口味、最乐于尝试新口味的食客。现在，人们能在香港看到世界各地的菜式，堪与纽约媲美。年轻人聚集在南亚、墨西哥和西班牙风味的餐厅里，这些十几岁到二十几岁的青少年尝遍了菜谱上的餐点。不过，50 岁以上的人就不会这样做，因为他们对食物的兴趣比较窄。

"麦当劳叔叔"和生日聚会的发明

在很长时间内，很多香港人不知道自己的阳历生日，更不会去庆祝生日。阴历生日也只是用来卜卦算命的。*20 世纪 80 年代末，伴随着蛋糕、蜡烛的生日聚会风行香港。如今的孩子们生日都要办聚会，但由于大多数香港人住在拥挤的公寓里，没法举办仪式，所以聚会的地点通常在快餐店，麦当劳则成为首选。

在每个周末，除了市中心的麦当劳，其他的分店往往排

---

* 译注：作者这一看法显然有失偏颇，在传统的中国人中，年轻人未必过阴历的生日，但上了年纪以后往往会在阴历生日做寿。

满了生日聚会。店里会安排一个女招待，领着孩子玩游戏，家长们则坐在一边低声交谈。只要付很少的钱，孩子们就会收到贺卡、照片、装有玩具的盒子和麦当劳的优惠券。聚会在名为"麦当劳叔叔屋"的地方举办，设有为孩子定做的矮桌子和小椅子。电视中放的是麦当劳叔叔带着参加生日聚会的孩子去狩猎远征的情景。[46] "叔叔"的称谓营造了一种亲昵的关系，使这一角色成为香港人最熟悉的卡通人物。[47]

在调查的过程中，我对孩子的世界越来越感兴趣，更加关注他们认同自我、界定同龄人的方式。从 4 岁开始，香港的孩子就意识到了消费方式与社会地位的关系。[48] 我很快发现，这些低龄的消费者把蛋糕的档次视为社会地位的象征，蛋糕所用的水果种类尤其重要。下面记录的是 1994 年 个儿童眼里的蛋糕档次：

> 顶级：点缀美国蓝莓和新鲜覆盆子。
>
> 次一级：配有新鲜草莓和猕猴桃。
>
> 再次一级：缀以新鲜桃子和西瓜。
>
> 最次：用的是罐头什锦水果。

蛋糕的档次随着新水果进入香港市场不断改换。无疑，孩子们总是比父母更早知道消费的新动向。麦当劳和本地的蛋糕店合作，提供时下流行的，尤其是第二、三等级的蛋糕。最高档的蛋糕只有豪华的酒店才供应。孩子们则会很快获悉酒店的时尚更替。比如 1994 年的时候，孩子们风传覆盆子蛋糕正在流行，而草莓蛋糕已经过时了，但其实他们中的大多数根本不知道覆盆子是什么样的。

作为青年中心的麦当劳

每周末下午，从 3 点到 6 点的时候，麦当劳总是挤满了放学后吃东西的青少年。在很多分店里聚满了（80% 左右）穿着校服的消费者，整个餐厅里飘满了白外套、蓝衬衫和黑裤子。十来岁的孩子们点餐、占座、分享食物。孩子们呼朋引伴、跑来跑去，喧闹声简直要把人的耳朵震聋。除了店里的员工，很少有成年人出现在这个时段。显然，青少年把麦当劳看作是一个非正式的活动中心，一个学校以外的娱乐场所，在这里可以放松学习带来的紧张感。

香港的学校对学生的管教很严格，非常注重校园的纪律。相比之下，麦当劳则是一个没有老师和父母监督的地方。员工们对可能引起的斗殴或破坏行为非常警惕，不过，这样的问题很少在麦当劳发生。管理者能一眼看出进入餐厅的危险分子，有时候还指派壮硕的男员工近距离监视着这些人的举动。这些努力的结果之一，是使麦当劳成为安全的天堂，勤奋的学生能够在这里安心学习而不用担心流氓无赖的骚扰。而麦当劳不能喝酒的规定和港府 1991 年颁布的禁烟令，更是强化了它的安全形象。喜欢喝酒、抽烟、赌博的年轻人一般都聚集在茶楼、面馆等传统的餐厅，尽管偶尔也来麦当劳，但他们往往是吃了就走，或者点了外卖带走。这里聚集的都是背着书包、带着电脑的学生，他们成为麦当劳的主人。

美国的快餐店有多种方法促使就餐后的消费者离开，而香港则完全不同，它不限制用餐时间。我问过一些分店的经埋，怎么应对那些吃完后还坐着长时间聊大的青少年，他们占用的位置本该是接下来的顾客的。他们都说欢迎学生们来。经营者采取的策略是把潜在的不利因素转变为优势，一个经理是这样解释的："学生们创造了有利于生意的好氛围。"他一边说，一边看着刚簇拥进餐厅的学生。很多学生也成群结队地在麦当劳做家庭作业、准备考试，因为香港很难找到任何（无论是公共的还是私人的）可以一起学习的空间。在 20 世纪 70—80 年代，这种拥挤尤其严重，学生们甚至不得不忍受着广播喇叭和来往人群的嘈杂声，在国际机场的候机大厅学习几个小时。

对生活紧张的香港青少年而言，麦当劳不仅是一个吃点心的地方，它提供了一个暂时的私人空间。大多数青少年住在 30 层公寓的小套间里，甚至要和家人分享卧室，几乎没有隐私。在访谈中，年轻人告诉我，和一般的饭店相比（那些奢华的酒店除外），麦当劳更加宽敞，桌和桌的间距也比较大。其他同类的连锁店确实更加拥挤，桌和桌的距离也更小。放学以后，他们来到麦当劳，感觉就像回到了"家"。其中的一些人，尤其是女孩子，为了避免在家中和父母兄弟产生冲突，甚至会待到晚上 10 点关门时才回家。把麦当劳视为家的替代物是一个极普遍的现象，以至于香港的一些社会学者已经把它视为一个显著的家庭问题。[49]

结论：麦当劳是谁的文化？

在本章的末尾，我将回到开头提出的问题：麦当劳在何种意义上卷入了文化变迁（例如以儿童为中心的消费文化的形成等）？麦当劳是促进、创造了消费的潮流，还是仅仅在市场中随大流？麦当劳在香港的成功，是不是美国跨国文化排挤本土文化的一个实例？显然，对于那些参加周末生日聚会的孩子而言，麦当劳已经成为一个有趣、熟悉与友好的地方，而不是一个异国的或陌生的场所，孩子们将其视为自己的空间。在此基础上，批评家们可以洋洋得意地说，香港的个案证明了文化帝国主义的强势和霸权征服了消费者，泯灭了跨国和本地的界限。

　　但我个人却不这么认为，问题没那么简单。当我在香港和其他地区深入了解消费者的生活后，我更认识到问题的复杂性。基于近 30 年来对香港文化变迁的观察，我发现，香港普通民众的文化遗产并未丧失，他们也没有成为跨国公司的受害者。青少年，包括我的新界邻居的孙辈，都已经成为各种跨国文化产品（如音乐、时装、电视节目和饮食）的积极消费者。同时，香港也不再仅仅是消费的无底洞，而是成为跨国文化的生产基地。比如，香港大众文化扩展到了内地、东南亚和更多的地方，你可以在内地的华北、越南和日本的电台收听到粤语流行音乐（Cantopop）；香港的时装潮流也影响到了洛杉矶、曼谷和吉隆坡；此外，最重要的是香港已经成为东亚、东南亚和南亚地区卫星电视生产和传播的中心。[50]

　　香港正在形成一种新的生活方式，它是后现代、后民族主义、跨国主义的产物。对汉堡、"麦当劳叔叔"和生日聚会的全面接受和应用，是我们在给中国文化特点进行重新定位时要注意的细微而重要的方面。因此，在本文结束的时候，我们有必要提出一组新的问题：跨国文化在哪里结束，又在哪里开始？它到底是谁的文化？在类似香港的地方，曾经后殖民社会的边远地区正在迅速成为大都市的中心，那里的人们在消费的同时也在创造着新的文化体系。

同时，香港已经成为中华人民共和国的特别行政区，在通向 1997 年政权交接的几年里，香港特区政府需要应对持续增长的内地移民，这些人缺乏大都市生活的经验。1995 年，香港教育署展开了针对内地移民儿童的入学培训，让他们访问体育馆、图书馆、购物中心、地铁，最后一站则是麦当劳。在这里，政府买单，新移民们享用巨无霸汉堡、薯条和可乐。[51]

麦当劳已经成为香港都市中司空见惯的存在，以至于多数青少年无法想象没有它的日子。1995 年，当地的报纸报道了一个 7 岁孩子的遭遇，他是内地移民，并在香港成长起来，但由于移民手续不规范，他被遣返回了内地。数月之后，他获准回到香港和父母兄弟重新团聚。当记者问他此刻最想做什么时，他毫不犹豫地回答："带我去麦当劳。"[52]

第三章　麦当劳在台北：
　　汉堡、槟榔和身份认同

吴燕和（David Y. H. Wu）

我们可以从麦当劳在台湾地区的成功，发现台湾大众在全球化和后工业化时代，试图形成新的文化认同的努力。在今日的台北，和在首尔一样，饮食也是一种政治行为。接下来，请读者随着我去探寻台湾饮食的政治氛围。[1]

台湾的饮食与文化简史

我在台湾长大，从小讲闽南话，但我们这一代人都接受"国语"的教育。1966 年，我到美国攻读研究生，此后有 10 年没有回去。70 年代中期，我第一次回台湾，发现台北没有太大的变化。此后，我每年都要回去一次，观察台湾逐年的变化。到80年代中期，这种变化忽然加剧，以至于让我对台湾有了陌生感。这些变化最直观地体现在食物和烹饪上。作为一个归来的游子，长期在外的我把饮食视为台湾文化中最重要的部分。食物常常等同于"家"。

最明显的变化之一，是那些向来繁荣的餐厅，如今已经大不如前。20世纪60—70年代，台北以拥有各色菜系而闻名。我仍然记得，北京菜、鲁菜、浙菜、淮扬菜、湘菜、川菜、云南菜……各地餐馆分布在街角，菜色之多，简直难以形容。这些餐馆多是由1949年来台人士开办的，老板们标榜自己的"正宗"，努力维持各省原有的地方风味和特色。

到80年代中期，很多中餐馆或是消亡，或是迁进了深街小巷。与新兴的台式风味和西式餐厅相比，中餐馆在空间上偏于狭小，而在布置上也显得有些破旧和过时。忠实的拥趸们也开始抱怨这些馆子的口味远不如20年前。

是什么导致了这些情况？要了解中餐馆消失的原因，我们需要追溯台湾的现代史，尤其是和"冷战"的关系。

虽然台湾大众多是早期福建移民的后代（有些则是来自福建和广东的客家人），但他们经历了日据时期（1895—1945)，深受日本文化的影响。第二次世界大战以后来台的

移民，大多数是公务员、商人与军人，闽南语把这些人称为
"阿山"，指来自大陆遥远山区的人，后来则称他们为"外
省仔"。

在 20 世纪 70 年代，在闽南文化中，人们用两种食物代
表不同的族群："番薯"指台湾当地的人，而"芋头"则指
来自大陆的人。这一分类最早来自军营，便宜而营养丰富的
番薯代表台湾兵，而昂贵且营养较少（台湾人的普遍看法）
的芋头则指来自大陆的士官长。

朝鲜战争和"冷战"加剧了国民党在台湾的权威。这一
权威得到了美国的支持，美国军事基地延伸到了台湾。50 年
代，美国的流行文化，包括音乐、食物和时装深刻地影响了
台湾的青少年。20 世纪 70 年代台湾的经济增长创造了富有
的中产阶级，这些人不再能忍受国民党的统治。到 80 年代中
期，台湾大众掀起了街头抗议，要求扩大政治权利。

台湾大众身份认同的诉求，也在 90 年代影响到了包括饮
食在内的大众文化。值得注意的是，日本对台湾地区的影响
仍在持续，民众对日本文化（包括饮食和时装）仍然热衷。
对于老一辈来说，更是如此的作用。[2]

台湾当代流行文化的发展，就建立于这些事件之上。和
世界上很多大都市一样，台北街头车水马龙，高楼鳞次栉

比。国际流行时装和食物随处可见。而麦当劳正是其中之一。

麦当劳与台湾本地意识的崛起

1984年，台湾的第一家麦当劳开业，店面位于一条有着上百家商店的街道，毗邻超级市场、时装店、韩式烤肉、港式海鲜、意大利餐馆和日式咖啡厅。这些店铺是台湾70年代经济发展的结果，体现了全球化、大都市文化在台北的最前沿成果。

外来食物的入侵，显著地改变了台北的物理空间。不过，本土的饮食并未因此而衰落。实际上，台湾的饮食传统正在兴起。在80年代中期的一次还乡之旅中，我和妻子看到两种文化传统并存于台湾。在从中正国际机场*到台北市内的路上，为了避开交通堵塞，司机决定绕道。我们途经一条尘土飞扬的马路，沿路都是旧车、垃圾场、旧货柜，当路过一个卡车停靠站时，我们看到闪着五彩霓虹灯的槟榔摊。传统的槟榔出现在现代的高速公路边上，这样突兀的场景使我备感

---

*　译注：2006年改名为桃园国际机场。

惊愕。后来，我把槟榔和麦当劳联系起来，我认为它们代表着台湾族群意识和文化认同的两极。

无疑，麦当劳的发展印证了台湾的全球化进程，在这一过程中，台湾成为现代工业与世界贸易的中心。而对于那些寻找认同的人来说，槟榔是台湾大众乡土化生活方式的符号，而汉堡则被视为大都市的、世界性的文化象征。人们试图通过嚼槟榔来标榜自己是台湾本土人。

槟榔

关于嚼槟榔在台湾的起源，相关的研究仍然较少。正如我们所知，这是南亚地区流行的风俗。考古学家在发掘位于台南的新石器时代的遗址时，发现一些骸骨上的牙齿因嚼槟榔而被毁坏，显然，4000—4500 年前台湾就有了嚼槟榔的行为。[3] 早年汉族和欧洲探险者的记录显示，嚼槟榔在台湾本地人当中也很流行。闽广一带也有嚼槟榔的悠久历史。在香港，最迟到 20 世纪 40 年代，烟摊上也开始卖槟榔。作为一个孩子，我常常看到父母把槟榔作为礼物馈送乡间的亲朋好友。

槟榔是棕榈的一个亚种，它和椰子树很像，但没有椰子树高。槟榔既可以在新鲜的时候出售（看上去很像青橄榄），也可以在制作后贩卖。在台湾北部，小贩们把槟榔切开一个小口，塞入红石灰进行腌制，并加上荖叶（一种常绿植物）茎的汁液。在台南，槟榔并不用切，而是直接用荖叶把它像馄饨那样包裹起来。荖叶为槟榔增添了薄荷与胡椒的味道，石灰则让槟榔更具刺激性。我个人感觉，这种味道就像嘴里烧起来了，仿佛吃干辣椒那样，还会迅速引发头晕。据说，常吃的人能获得一种温和的迷醉和放松感。

嚼槟榔会让唾液变红，人们时常会把红色的汁水吐到地板上、街上和墙上。受教育的人们，尤其是来自大陆都市的人士非常厌恶这种习惯。在国民党败退台湾的头些年里，来台的精英把嚼槟榔的人视为"土包子"。60年代，只有农民、老年人和南部的原住民保留着这一习惯。在台北，槟榔只在城市的西南和西北部这些本省人聚集的地方出售。到70年代，都市人很少再在公共场合嚼槟榔。

嚼槟榔习俗的复兴，以及台湾各大城市槟榔摊的恢复，与1980年开始的政治解严有关。当时，民进党成为合法化的政党，开始在各县市领导人和"议会"的竞选中获胜。国民党放松了对媒体和出版的管控，对"二二八"事件的探究增多。本土身份的觉醒，促进了民众对台湾文化的兴趣，人们（尤其是年轻人）开始探寻台湾的历史、工艺和饮食习惯。

在今日的台湾，嚼槟榔成为新的地位的象征，一个身份意识高涨的信号。槟榔的价格也随之增长。1994 年夏天，100 新台币能买到 15 个，是 10 年前的 4—5 倍；大槟榔当然更贵，是一般槟榔的两倍。一个受访者承认，嚼槟榔是不菲的消费，比吸外国烟要贵很多。每年 3—4 月之间，正值槟榔开花，货源短缺的时候，一个槟榔能卖到 20—25 新台币。

一个受过高等教育，在台北从事批发生意的商人向我解释了他如何形成了嚼槟榔的习惯：“当台南的工人为我送货的时候，我要为他们买槟榔，像敬烟那样向他们敬槟榔。在现在的台北，槟榔小贩或商铺几乎分布在每个街角，经常有在校的青少年被老师抓住在嚼槟榔。”确实，根据 1994 年的一份台湾有关部门报告所说，台湾人均消费 800 粒槟榔。[4] 在我第一次（距今快 30 年了）开展田野调查的村子，因为种植槟榔，近年来，村民的住房条件和消费状况得到了显著改善。一项研究发现，在台湾，种植槟榔的土地面积已经超过了稻米。[5] 一些观察者为此大惑不解，有的引用槟榔的药用效果展开解释，比如能在冬天御寒等，但很少有人把这种时尚和建构新的族群认同联系起来。

伴随着槟榔热，台湾本土菜也顺势兴起。80年代中期，很多台湾的大众餐馆（也包括奢侈的酒店）以销售"正宗的、有机的台湾菜"为卖点（引用自某广告）。菜单上的食物用闽南语或客家语发音，一度被视为"乡巴佬食物"的块茎类食物，尤其是番薯成为菜单上的常客。

在过去的20年里，关于身份的认同影响到了台湾大众文化的方方面面，包括了食物和烹饪。1984年，麦当劳在台湾开张，作为第一家被核准在台湾经营的外国食品业，它的加入使饮食的境遇变得更加复杂。对很多消费者来说，麦当劳提供了一些新的东西，它构成了第三种选择。

麦当劳在台湾：第一个十年

在麦当劳开张之前，很多台北人已经对汉堡非常熟悉。我仍然记得1964年第一次吃汉堡时的情景。那是在台北西门町一家剧院附近的西餐厅，菜单上是这样描述汉堡的："德国面包夹碎牛肉饼。"当时，我还吃到了冰淇淋苏打（放在苏打水里的冰淇淋）。

20世纪80年代初，我发现台湾的一些观光酒店开始提供汉堡，一些本地的快餐店也开始卖汉堡类的快餐。然而，直到麦当劳开张之际，汉堡才成为家喻户晓的名词。刚开始的时候，McDonald's 被翻译成"麦当劳"，此后，香港和其他一些地方将其译成了"麦当奴"，最后才确立了"麦当劳"的标准译名，并在香港、北京、台北，乃至美国的唐人街通用。

80 年代，台湾当局仍然禁止外资进入餐饮业，而麦当劳公司已经盯紧了台湾的市场。[6] 麦当劳想进军台湾市场，有三个重要的原因：首先，当时的台湾地区仍有美军基地和不少美国人；其次，越来越多的台湾人有了第一手的美国经验，这些人曾到美国留学或工作，此后全家搬回台北；最后，中产阶级的子女不断增加，他们不仅接触跨国文化，而且有可观的消费能力。另外，接触国际文化的台湾中产阶级也正在持续增长。

正如上文提到的，麦当劳是第一家入驻台湾的外国食品业。在当地的企业看来，这具有划时代的意义。麦当劳能获得批准，部分归因于它在卫生与生产上的高标准。麦当劳前十年的合伙人是台湾人孙大伟。1994 年，具有丰富海外经验的美国人比尔·罗斯（Bill Rose）担任总经理。

截至 1996 年 7 月 30 日，台湾已经有 131 家分店。[7] 在访谈中，比尔·罗斯预计，如果公司紧跟消费需求，到 20 世纪

末，台湾会有 500 家左右的分店。*一家商业报纸统计，1994
年上半年，台湾的麦当劳营业额达到了 20 亿新台币。1994
年 9 月，麦当劳的营业额超过了 1.1 亿美元。罗斯强调："如
果以美元为单位换算，在 1994 年全世界范围的麦当劳里，台
湾的增长是最快的。"[8]

根据当地报纸的报道，1994 年下半年，麦当劳展开了和
台湾当局的谈判，计划把亚洲总部设在台湾地区（辐射到中
国其他地区、日本、韩国、菲律宾、马来西亚、泰国、新西
兰和澳大利亚）。[9]为了与此配套，麦当劳计划将对台湾的资
本投入提升到了 7.8 亿新台币，在当地的商业界引起了轰动。
报纸引用了罗斯的话，称 75% 的新投入会用于扩张和翻新现
有的餐厅，评论者认为，这意味着麦当劳会更深地卷入到台
湾的市场。[10]

麦当劳的成功吸引了很多媒体的关注，不过相关的报道
并非都是正面的。20 世纪 70 年代，激进的作家和知识分子就
不断谴责台湾当局和外国（尤其是美、日）合谋剥削台湾的
劳动力市场、压榨自己的人民。20 世纪 80 年代，人们又常常
把经营麦当劳与美国文化和价值的入侵画上等号。20 世纪 90

　＊　译注：截至 2011 年，台湾共有 349 家麦当劳。

年代，本土商业集团逐渐壮大，"跨国公司"的公共形象也开始改变。90年代中期，当时的反美情绪影响了韩国的麦当劳，但对台湾地区却影响甚小。相应的，台湾人也不再把麦当劳也视为文化帝国主义的符号。

1992年4月29日，台北和高雄的麦当劳发生了爆炸事件，致使一名警察死亡，两名员工受伤。为此，当天有57家分店关闭。这一事故引起了全球性的关注，人们猜想这是第三世界对美国商业秩序的反抗行为。[11]但事情很快水落石出，爆炸并没有政治意义，它是由当地的敲诈者和无赖制造的。这样的敲诈也曾经在台湾的本土公司和豪门之家中发生过。而此前报纸对麦当劳商业奇迹的报道，自然使它成为敲诈者的目标。一言以蔽之，这一爆炸事件显示，台湾大众把麦当劳视作了商机，而不是对抗性的象征。

麦当劳和台湾的青年文化

今日，麦当劳餐厅成为小学生和初中生常去的地方，他们每天下午3—6点会聚在那里，几个人在一张桌子上做作业、吃东西。麦当劳被认为是好学校的"好学生"去的娱乐场所，与20世纪五六十年代的那些烂学校的"问题青年"常去的冷饮吧和弹球室大相径庭。正因为在那些爱读、写的消费者心中树立了良好的名声，麦当劳没有驱赶逗留不去的学生，即使他们只买了很少的东西但停留了很长时间。为此，麦当劳的管理层创造了一种好客的环境：冬暖夏凉、干净、舒适和轻松（还有轻音乐）。

麦当劳也改进了年轻人的工作态度。80年代以前，受过高等教育的台湾青年不屑于在低薪水的餐厅打工。麦当劳却不可思议地吸引了大量高中生、大学生前来打工。对这些年轻人而言，麦当劳意味着有趣、现代和信誉。西式的工作环境更激励人们勤勉工作，以获得跨国性的成功。公司训练新人的政策和提拔年轻人进入管理层的做法，也在80年代吸引了很多有远见的员工。不过，到90年代中期，麦当劳的工资仍是相对偏低的，这减弱了很多年轻人加入麦当劳的热情。这些现象并非只出现在快餐业，自从麦当劳开业以来，台湾人变得更加富有，人们的工作期望也跟着提高，因而，当时整个台湾面临着劳动力短缺和工资上涨的问题。

即使如此，麦当劳和它的竞争者们也已经改变了台湾大众对服务业的传统偏见。麦当劳提供奖学金，资助成绩好的工读生，重视"家庭、教育和环境"的形象，仍是公司市场营销的重要基础。在1994年的年中，有超过200个分店的经理来到美国汉堡大学，接受从食物生产到市场营销的培训。很多经理是从基层提拔起来的年轻人（麦当劳的员工达成共识：努力工作就能获得提拔）。而在美国的经验将有助于他们未来工作的升迁。为了提升社会形象，麦当劳还进一步打算在台北最奢华的酒店组织经理层开展关于食品卫生的研讨会。

　　大量青少年在麦当劳打工，从而拥有了更强的消费能力。上一代人（比如我）的经济来源往往依赖于父母，但新一代的年轻人则有余钱自己购买衣服、娱乐产品、音乐和饮食。在打工收入的基础上，他们和朋友一起外出就餐，这些行为和成年人一样，推动了青年一代的社会化。甚至七八岁的孩子也适应了在餐厅吃饭，习惯了西式的进餐礼仪（如使用餐巾和刀叉等）。一个工薪阶层的中年男性告诉我："快餐塑造了年轻人的口味。现在，要是全家出去吃饭，家里就会起争议。我们老一辈的还是想去中餐馆。"

作为庇护所的麦当劳：家以外的家

　　在对美国麦当劳的研究中，人类学家科塔克描述了家庭成员去麦当劳点餐和用餐的过程，显然，美国人在麦当劳感到了舒适和安全。[12] 我们可以说，金色的拱门象征了安全和可靠——就像一个庇护所，把不安全排除在餐厅之外。我必须承认，我惊奇地发现台湾地区的情况也是如此，消费者们把麦当劳视为家以外的家。而且，很多台湾人早已把麦当劳从外来的事物转化为了熟悉的、本土的存在。

1994 年夏秋之际，我和妻子在台北郊区的一家麦当劳做田野调查。近年来，它一直是学生、教师，乃至父母和祖父母的活动中心，成为各个年龄段的人到访、用餐、聊天和休闲的地方。很明显，餐厅为人们提供了释放家庭压力的庇护所，一个缓释孤独、放松心情的地点。这一餐厅已经本土化了，在当地社区民众的日常生活中起到了重要作用。这样的环境和麦当劳刚到台湾的前十年大不相同：当时，麦当劳还是一个精英化的场所，出入其间的是雅皮族、外国人和好奇的年轻人。

同一批消费者常去同一家麦当劳，时日长久，他们会彼此熟悉，不但会互相打招呼，还会互相诉说自己或家里的事情。以下的文字将进一步向读者展示我获得的信息。

等待孩子的老祖母

在这家麦当劳，每天早上 7 点，都有一位 70 多岁的老太太按时前来。另一个消费者告诉我，她从永和搭车到这里要花大概 1 小时，风雨无阻。她常常买一杯茶或冷饮，然后在麦当劳坐上一天。作为一个佛教徒，她不吃牛肉，而是自己带餐到这里。她会趁晌午客人较少，服务员也不那么注意的时候，悄悄地吃午餐。到午餐时间，她的孙子（一个在附近读书的五年级的小学生）到这里来找她。老祖母为孙子在麦当劳买午饭。吃了午餐以后，孩子回到学校，老太太则留在麦当劳直到下午 3 点半孩子放学。把孩子送上去内湖的公交车（孙子住在内湖，与永和的方向相反）后，老太太再独自坐车回到永和的家中。

1994 年 6 月底，孙子告诉祖母，过几天就不用再来接他了，因为学期会在两天后结束，暑假即将开始。孩子还说："明天爸爸和妈妈会带我去菲律宾度假。"老太太问为什么她不知道，孩子回答："妈妈要爸爸别和你说。"11 月初，当我们再次到这家麦当劳做田野调查的时候，老太太又出现了，一切都没有改变——仍是每天按时在等孙子。

躲避婆婆的媳妇

另一桩轶事的主角，是一位与婆婆不和的老师。每天下午 3 点半放学以后，她宁可坐在附近的麦当劳，也不愿直接回家。她和学校里的两个孩子在一起，通常坐到 5 点半，估摸着丈夫要回来了才动身离开。另一个消费者说："她不会比丈夫早一分钟回家，你可以想象她有多讨厌和婆婆相处。"这位老师可以自己支配收入，还设立了一个小金库，而婆婆则掌管了家里的大小事务，包括做菜。每天下课后，媳妇坐在麦当劳和其他人聊天，两个孩子则在旁边玩耍、吃点心。

作为庙会集市的麦当劳

当第一次来到这家麦当劳的时候，我还不能设想它竟然如此拥挤。那是 1994 年盛夏的一个下午，每个座位上都坐了人，多数是全家出动，其中还有三代同堂的家庭。人们进进出出，两扇玻璃门就像旋转木马那样转个不停。柜台前的队伍从来没有断过。人们从四面八方涌来，孩子到处奔跑，大声尖叫以表达自己的兴奋。这种喧闹让我回想起第一次踏进香港老式茶楼的感受。台北的分店和美国的麦当劳装饰相同，墙上印有英文标语，但消费者的反应却完全不同。

接下来的周末，我又去了这家麦当劳，发现街对面有一些不同寻常的景象。人们聚集在一起，机动车停靠在人行道上，众多小吃摊冒着炊烟，小贩们在麦当劳窗外卖香肠、烤鱿鱼、鱼饼和传统的青草茶。这个特殊的餐厅在一栋五层建筑的一楼，正对着一所有6500名学生的小学和一个街心花园。在麦当劳店前的人行道上，数十人聚在一起聊天、吃东西、等人或四处张望。不断涌入的人群和小贩们在一起，营造了一种类似庙会或乡村集市的氛围。这种节日的气氛是我所见过的，在现代台北最接近老式庙会的热闹所在。

因此，消费者到麦当劳的诱因并不是食物，而是人们在社区中的互动性行为。在这里，人们能寻找朋友、交流消息、吃小吃、谈生意。过去，台湾的庙宇旁也有一些小吃摊，这一传统在一些地方仍有传承；而在大城市里，快餐店则起到了类似社会黏合剂的作用。麦当劳在这些方面尤其重要，因为管理者常常精心选择市中心的地段，临近广场或大型学校。也正是如此，对于很多年轻人来说，麦当劳的金色拱门往往比本地寺庙更有象征性的意义。

空间与时间：麦当劳里的生活方式

相比美国与香港地区，台北消费者在麦当劳花费更多的时间。正如前文所说，单独来的消费者常把麦当劳当作阅读、思考或打发时间的地方，时常一坐就是几小时。我观察到，很多老年人往往要一杯饮料，静静地坐一上午。商人们则常常带着公文包，在这里一谈就是一小时。青少年则把麦当劳作为一个交际的场所，一个舒适的约会地点。我从没见到麦当劳的员工驱赶他们，或让长时间不走的消费者感到不舒服。很明显，从本土的视角来看，麦当劳是一个公共空间，就像公园或图书馆。只要消费者不影响到生意或他人，他们就可以占有座位、使用设备。

年轻母亲带着孩子来吃早餐或用点心，她们可以把孩子留在店里的游玩区。在假期或周末，这个空间常常被用作生日聚会，聚会由女服务员组织、主持。在平常的就餐时间，餐厅常常聚满了穿着校服的学生，他们三四人成群结队而来，有时候则是由母亲或祖母陪伴而来。这些青少年像成人那样，故作成熟地聊天、就餐。在上一代人看来，这是很难想象的景观。

麦当劳与学校午餐

台北的人口众多，因而产生了大量承办饮食的行业。早年间，麦当劳需要和以米饭为主食的当地饮食业竞争。受访的工薪阶层表示，家庭中往往会出现饮食价值上的冲突。当外出就餐的时候，孩子们喜欢吃汉堡、比萨，而大人们则喜欢以米饭为主的饮食。一个中年工人说："没有米饭我们就不会觉得饱，但年轻人则习惯了没有米饭的快餐。我们的胃与这些东西格格不入啊。"[13] 如今，便当在台北仍然很流行，可以在餐馆或快餐店买到，价格也不过 30—40 新台币。便当以米饭为基础，有各种菜色：鱼、蔬菜、豆腐等。在中式的快餐店或街头小摊还卖一些传统的食物，如卤肉饭，售价也不过 30 新台币。但当时的汉堡则售价 90 新台币（1994 年）[14]。虽然价格不同（也许就是因为要享受这种价格），但很多孩子却选择了麦当劳，而不是传统的便当。

1994 年夏天，我还访问了前面说到的那位老师。每天上午，学生在福利社订午餐。他们可以选择便当或汉堡，然后会领取一张订单。到中午的时候，学生凭订单领取午餐。这位老师告诉我："我所教的是五年级，在我的班上，40 个学生里只有五六个在学校订餐。剩下的人都是自己带餐，还有几个是妈妈送餐的。有一个独生女就是如此，她妈妈非常宠爱她，天天都是做好后亲自送来。一些孩子拒绝福利社的汉堡，因为并不好吃，也比不上麦当劳的品牌，他们要求父母在午餐时间把麦当劳送到学校来。他们觉得来自麦当劳的汉堡更好吃，而且还有可乐与薯条。每周三和周六，孩子们只上半天学，很多人会用零花钱买麦当劳吃，然后才回家。"

一则1989年的新闻报道谈及了麦当劳在小学的扩张史，公司把这一现象归因于"懒惰妈妈"的出现。[15] 在过去的10年里，台北的小学迅速发展，平均每所学校的人口从2000人增长到了6000人。奇怪的是，这些学校不像美国小学那样配套设有自助餐厅。20世纪40年代末期以来，台湾地区的学生们被要求自带午餐，或者由父母亲、佣人送餐。学校食堂则提供收费的加热服务，以确保便当是热的（尤其是秋冬季节）。和大陆不同，台湾学校不允许学生在中午回家吃饭，怕会影响孩子的精力和学习。

1987年，台北推出了免费的"营养午餐"计划，资助学校为学生提供热餐。如果这一计划在所有学校推行，它将会覆盖30万的小学生，但结果却只有很少的学校加入。因为老师们要自行担负起采购食物、设计菜谱、监督烹饪，并每天为那么多孩子服务的重任，教师们不愿意在没有涨工资的情况下做这些事情。

正如前文所说，一些父母会买快餐送到孩子手里。这时常引起学校门口的混乱，一到中午，几百名学生在校门口争相领取他们的汉堡或炸鸡。一些私立学校最后决定允许父母或孩子直接从麦当劳、温蒂汉堡（Wendy's）*、乐天利（lotteria）**订餐。不过，订餐的人数并不太多，大概每个学校有200人，少于就学者的10%。总经理比尔·罗斯说，麦当劳计划在1994年和20所学校合作送餐，未来还会进一步扩展。我访问的一个私立学校的领导则把快餐和讲卫生、有礼数联系在一起，她说："鼓励学生吃快餐没有什么错。尤其是汉堡。每一顿午餐都放在盒子里，所有的食物都用干净的袋子包起来。学生们在就餐时习惯了使用纸巾，他们学会了卫生的行为和正确的礼数。你看，快餐有什么不好的呢？"所以，她的学校允许麦当劳每天为学生送餐。[16]

---

　*　译注：温蒂汉堡是美国第三大快餐连锁店，仅次于麦当劳与肯德基。
　**　译注：乐天利为韩国快餐店，风格与麦当劳相似。

结论：全球化与本土化

麦当劳在台湾的兴起，为本土的饮食业建立了运作、竞争、管理的新标准。"从原材料到加工到销售，麦当劳提升了台湾饮食业的标准。我们确立标准，竞争者们亦步亦趋。"比尔·罗斯说。如果在现代台北观光一圈，就可以印证他的说法。麦当劳、哈迪斯汉堡（Hardee's）、温蒂汉堡、必胜客……旗帜鲜明地引领着快餐业。但这种成功并不意味着麦当劳取代了台湾的"传统"饮食。相反，公司引发的竞争促进了本土饮食的复兴。

在激烈的竞争中，传统饮食连锁店取代了本土的街头小吃摊。同时，本地食品公司也开始应对竞争：它们创设了自己的快餐，提供炒饭、蒸饺、粥、春卷、碗粿（一种传统的台湾小吃，由面粉做成）。90 年代初，连锁餐厅还开始引进台湾本土菜，这些菜被认为具有食疗价值，比如姜母鸭等。这些"本土"的食物迎合了那些不喜欢西餐，但又需要舒适、卫生、快捷的服务的人群。

全球麦当劳体系的一大特色就是洁净与卫生。在东亚，正如华生在导言中所说，麦当劳时常被认为掀起了卫生革命，它激发了消费者的公共卫生意识。麦当劳在台湾发展的头些年也是如此，干净的卫生间在中产阶级之间争相传颂，并迅速成为台北人的普遍期待。在麦当劳进入台湾之前，本土的餐厅并不重视清扫卫生间。而到了90年代中期，大多数城市都提高了卫生间的洁净标准。不过，这种"革命"并未影响到小城市和乡村。而且，据我的观察，麦当劳员工对卫生的意识也逐渐松懈下来了，1994年夏天，很多麦当劳的卫生间已经不再那么干净了。

台北正日益成为国际性的大都市，中产阶级的家庭增加，麦当劳已经成为日常生活的一部分。新一代的年轻人成长起来，他们吃汉堡、薯条、比萨、炸鸡、热狗，喝可口可乐、百事可乐、七喜、雪碧。在他们眼里，这些产品都是"本土"的。

同时，与跨国公司无关的其他消费类型也兴盛起来。最好的例子大概就是过去十年复苏的嚼槟榔习俗。正如前文指出，嚼槟榔往往被等同于表达身份认同的方式。有意思的是，槟榔和汉堡成为两个不同的消费群体心目中的"本土"象征，而且这两种象征未必是对立的。它们代表着台湾大众的两种认同，即大众既需要本土的文化，又需要现代化的大都市；他们眼中的台湾既是一个岛屿，又是世界的一部分。在一些外来者看来，这两种不同的消费方式——超本地化（hyperlocal）和跨国主义是对立的。但在今日的台湾，它们不可思议地同时存在，并互相强化。槟榔和汉堡都表达了台湾大众的身份认同，而在台湾的政治环境中，这样的现象尚属首次。[17]

对于民众而言，身份的认同是一件紧要的事情，所以，在台湾，食物永远不只是食物。同时，消费者会继续选择构成身份认同的饮食符号，并为我们的研究提供更多的线索。

第四章　麦当劳在首尔：
饮食选择、身份认同与民族主义

朴相美（Sangmee Bak）

在本章中，我想从麦当劳出发，来谈谈食物和民族身份认同之间的关系。韩国人以什么形式接受、拒绝（通常是更重要的）美式快餐成为他们饮食文化的一部分？[1]

本研究的田野作业开展于1994年的首尔，当时，韩国社会正进行着关于消费和民族主义的争论。所以，从一开始，我关注的对象就不仅仅只是汉堡。我的研究当然是在麦当劳餐厅中进行的，但是我同样会考察外国食品对农村的冲击，以及全国农业合作联盟（National Agricultural Cooperative Federation，NACF）这类组织在关于食物的公共话语中起到的作用。在很多韩国人眼里，汉堡，尤其是美式餐厅出售的汉堡，是国产大米象征性的敌人。

在今日的韩国，麦当劳仍然处在关于饮食选择、保护主义和民族认同的公共争议之中。这些争议和韩国的两难境地有关：人们既希望保持民族特色，又希望能融入全球。近年来，韩国政府正在和其他国家及地区进行贸易谈判，解除关于大米的进口禁令，展开关于大米供应国（尤其是美国）和本土米商之间的角力。韩国政府既不愿放任本国农民自生自灭，但也不能再维持对大米进口的禁令，毕竟韩国已经成为世界第 12 大贸易国。[2]

1992 年，正值美韩进行贸易谈判之际，韩国农林渔业部（Ministry of Agriculture, Forestry and Fishing）和全国农业合作联盟制作了一张海报，鼓励大众消费本国的农产品。海报的标语是"健康饮食 = 吃国产大米"，画面上还有一束巨大的稻米高踞在一个油腻腻的汉堡之上。美国谈判代表认为这张海报让韩国政府蒙羞，暴露了官方对自由贸易的无知。[3] 这一意外显示，在韩国，大米和汉堡之争象征了本国食品和美式食品之间的抗衡。

本研究并不是为了预测麦当劳能否在韩国成功，作者感兴趣的是韩国麦当劳的历史和象征意义。我访谈的商人和消费者们大多数都同意这一现象：接受美国快餐的韩国人口正在增长，这些人有的是为了尝试西式的口味，有的则是为了便利。随着国内经济的发展，越来越多的人能够消费得起麦当劳。由于性别不同，经济条件各异，政治观点有差别，韩国人对美国快餐的态度也是丰富多样的。[4] 其中也包含了剧烈的代际差异。对一个最喜爱在麦当劳过生日的韩国儿童来说，他们完全把麦当劳看作是本土文化的一部分。

汉堡和大米之间的象征性冲突正激烈地在韩国社会上演。正如阿尔君·阿帕杜莱所说，在每一个社会，特定的商品或物品往往包含着强烈的社会信息。比如 1947 年以前，在印度圣雄甘地抵抗英帝国主义的斗争中，服饰就起到了重要的作用。[5] 食物，尤其是主食往往和身份认同纠缠在一起。大贯惠美子（本书第五章的作者）也在她的《作为自我的大米》里集中讨论了大米在日本历史上起到的核心作用。[6] 她认为食物和人的身体密切相关，人们和家人、同事、朋友分享食物，所以一起进食往往能加强人际关系。而消费本土的主食，尤其能强化进餐者之间的一体关系。

在探讨特殊语境中的商品时，阿帕杜莱认为，那些包含了强烈社会信息的商品（如衣物、米饭），"往往较少受到供需关系的影响，而是更容易受到政治的操弄"。[7] 很多韩国批评家把麦当劳视为美国资本主义的先锋，认为它必然会引发美国政治和文化的入侵。麦当劳由此陷入了政治争论的中心，并引发了一场反进口食品的流行大战。在这场争论中，很多韩国人的看法是二元对立的——大米代表了韩国的本土文化，汉堡则是美国佬的玩意儿。和阎云翔在第一章中的描述大相径庭，韩国和美国的亲缘关系并没有增进麦当劳在韩国的流行程度。

韩国麦当劳的发展简史

在麦当劳进入韩国以前，很多韩国人已经知道了这一品牌。早年的媒体时常谈到麦当劳，并将其描述成美国快餐的精华。20 世纪 70 年代，美国麦当劳总部曾对韩国的市场进行评估。但结果却让总部失望：调查显示，第二次世界大战结束以后，韩国人的反美情绪非常强烈。[8]

80 年代，麦当劳总部觉得韩国的商业环境有所改善。在筹备 1986 年的亚运会和 1988 年的奥运会的过程中，国际化和全球化的观念已经深入人心。而当时美国的本土快餐市场也正值饱和，麦当劳抓住了这一机会，要进一步扩展国际性的业务。

1986 年，麦当劳和韩国合作，成立了麦肯（McAnn）公司*。[9]1988 年，第一家麦当劳在首尔的闹市区狎鸥亭洞

---

* 译注：由于韩国的民族主义情绪太过强烈，为了开展与当地的合作，麦当劳不得不以改名的形式曲线进入，所以才有了诸如 McAnn、ShinMc、McKim 带有 Mc 首码或尾码的合营企业。

（Apkuchong Dong）成立，附近咖啡店和时装店林立，是时髦富有的年轻人流连的地方。[10] 这家麦当劳是一栋新的二层楼房，被消费者认为是现代、时尚的饮食场所。迄今为止，韩国的大众仍把这栋建筑看作是麦当劳的象征和符号。

在麦肯公司开办第七个分店的时候，韩方合作人逝世了。为了扩展在韩国的市场，麦当劳致力于寻找更多的合作伙伴，先后在首尔开设了胜麦克（ShinMc）、在第二大城市釜山开设了麦克金（McKim）。1994 年 7 月，胜麦克收购了麦肯公司的 7 个分店，至此，麦当劳在韩国的合作伙伴只剩下了两个。[11]

到 1994 年 7 月，麦当劳已经在韩国开设了 26 个餐厅，并计划在年底以前再开五六个新店。然而，麦当劳在韩国的增长，显然比本书中提到的其他国家和地区要慢很多，也比预计的发展缓慢。麦肯公司原先预计在 1986 年开办 3 家新的餐厅，到 20 世纪末则达到 58 家。[12]

媒体和大众敏锐地观察到，在进入韩国时，麦当劳展开了与多个本土商家的合作。而在东亚的其他城市，比如香港和台湾，麦当劳都只选择一家合作伙伴，并让合作伙伴全权负责经营事务。韩国的媒体激烈地指责麦当劳用这种方式迫使股东相互竞争，自己则坐收渔利。[13] 由于多元的跨国公司更易引起利益上的争端，这项指控给麦当劳带来了很多负面的公共形象。有两家当地媒体以夸张的标题指控麦当劳是"韩国市场中的美国快餐暴君"，体现了"合资企业的阴谋"。[14]

"本土"的麦当劳

在我的调查中，一位胜麦克的市场经理试图花大力气向我灌输这一观念：麦当劳实际上是地道的韩国产业。他指出，麦当劳公司拥有50%的股份，剩下一半则在韩方手里。[15] "麦当劳是韩国的"这一观点很有意思，因为公司不遗余力地强调自己和当地汉堡不同的地方，正是他们生产正宗的美国货。这位经理也强调，当地麦当劳完全由韩国人经营，而这是必要的，因为韩国的金融系统非常复杂，管理层还要和众多的政府官僚打交道。

无一例外，我访谈的麦当劳员工对他们的工作和公司都给予了积极的评价。这些在外企工作的韩国人，当然不会认为自己是在帮外国人赚本国人的钱。员工们反而认为麦当劳是一个模范公司，它们向当地的慈善活动捐款，也将部分利润回馈给韩国社会。我的受访者们认为，如果学习麦当劳高效的管理体系和社会责任感，很多韩国公司也会办得很好。尤其是女性员工，她们对公司的开放和平等非常满意，认为麦当劳比韩国的企业更加重视性别平等。[16]

麦当劳及其竞争者

为了把自己和韩国的餐饮市场区别开来，麦当劳强调它卖的是正宗的美国汉堡。因为多数韩国人长久以来都确信，麦当劳才是正宗的美国口味，所以其他竞争者们只好改变他们的经营策略。本土快餐乐天利*开办于1979年（在麦当劳开张之前），一开始，他们强调自己卖的是正宗的、纯牛肉做的美式汉堡。这一行为基于以下原因：在我的记忆里，早期的汉堡肥肉较多，而且肉的来源也不明不白。此外，为了凸显自己是正宗的美式饮食，乐天利员工还用简单的英语进行内部交流。但在麦当劳和其他美国商家相继入驻以后，乐天利不得不放弃对"正宗"的标榜，转而强调自己制作的是符合韩国人口味的美味汉堡。公司推出了韩式烤肉汉堡和日式照烧汉堡，并大受欢迎。同时，员工们停止了互相说英语，

---

　　* 译注：乐天利由韩国企业家创办，最早在日本开设。由于创办者是韩国人，所以在"外国"餐饮业进军以前，它就被允许进入韩国。

也不再标榜"美式"汉堡。现在，乐天利已经开到了中国，并以"韩式"和"日式"的产品，迎合了那些想要体验全新消费文化的中国人。[17]

另一个连锁店乔叔叔汉堡（Uncle Joe's Hamburger）则发明了泡菜汉堡，以满足那些每顿必吃泡菜的韩国人。公司由一个移居韩国的美国人开办，他发现很多韩国人把汉堡视为小吃，而不是正餐。于是他用泡菜（韩国人正餐必备的菜色）取代了酸黄瓜，结果很多韩国人开始把汉堡视为正餐。[18]虽然它仍是规模较小的连锁店，但乔叔叔汉堡却让它的竞争者倍感头痛，因为它很大程度上迎合了韩国人的口味。[19]

此外，还有一个反例。某家汉堡餐厅用了完全美式的名字，但实际上它是由韩国人经营的。它开张于1980年，美国JBS（Big Boy Company）公司为它提供了技术和训练，此后它从JBS中独立出来。[20]最初，这一公司非常成功，1989年，它的营业额仅次于乐天利。但到了1991年，随着更有名的美式汉堡（尤其是麦当劳）来到韩国，当地的汉堡店不再被视为"正宗"的美国货，它也不再流行。[21]麦当劳逐渐在关于"正宗美国口味"的饮食大战中胜出。但正如下文所说，为了成为美国文化的象征，麦当劳也付出了可观的代价。

创造麦当劳的市场

要了解麦当劳如何嵌入韩国的饮食体系，我们需要知道汉堡的基本食材——面包和肉对韩国人的意义。面包在19世纪被引入韩国，此后它一直没有被当成主食，而是作为小吃。在韩语中，小吃（kansik）的意思是"餐间的点心"。而肉则一直是昂贵的、大众必需的东西，且往往只在用餐时吃。为了增进顾客对麦当劳的需求，餐厅必须把自己塑造成吃正餐的场所，而不是那种消费者花一点点钱，就能待上很久的小吃店。然而，出乎本土管理者的意料，大部分韩国人还是把麦当劳视为小吃店。[22] 人们把汉堡归为面包类，而不是肉类的食品。为了改变这一看法，餐厅引入了"超值餐"，凡是点了汉堡、薯条、饮料等四种食物的消费者，可以享受9折优惠。这么做的目的是为了吸引消费者点购全餐，让他们相信汉堡也能构成正餐。

首尔总店的主管曾严肃地讨论过超值餐（value meal）的韩文译名。[23] 公司想强调"餐"的概念，但韩文中的"siksa"却并不合适，它的意义不符合经理层设想的"餐"的意义；而更口语化的"pap"则更不妥当，因为它既可以指"餐"，也可以指煮熟的米饭。由于缺乏合适的本土概念，他们决定直接用英语的"set"。看到这个词，多数韩国人会联想到一顿由几种不同食物组成的正餐。

麦当劳的经理也意识到，"超值"这一起源于美国的概念并不存在于韩国的商业语境中。在韩国，便宜、低价往往意味着质量的低下。一个高级主管告诉我，公司希望能让韩国人理解"超值"指的是价廉物美，借此让消费者接受麦当劳的食物。同时，他们将"超值"翻译成"alch'an"，意思是"平凡的外表下包含着好东西"（就像覆盖着坚硬外皮的石榴和栗子）。超值餐（"alch'an set meal"）的概念非常成功，公司借此把自己定位成了提供正餐的餐厅。每个柜台售出"超值餐"的比例，从原先的40%—50%，上升到了60%—70%。[24]

进入新的市场时，麦当劳一般只供应汉堡、炸鸡和奶昔等标准餐。几年以后，当本地的经营者觉得立足已稳，为了增加营业额，他们就会开发适合本土口味的食物。*1994年，韩国的麦当劳仍然只出售基本的食物，也没有包括早餐。但是本土的经营者开始盘算着推出适合韩国人口味的产品，如香瓜奶昔。

---

* 译注：本书探讨的五个城市无不运用了这一策略，第五章关于日本的研究中也有细致的论述。

韩国麦当劳的价格比其他国家和地区高很多。1994 年，一个巨无霸汉堡的价格要卖 3 美元。《经济学人》（Economist）每年都会发布巨无霸指数*，发布后的数据往往被韩国各大媒体征引。[25] 众所周知，巨无霸指数被用来比较不同国家和地区的货币价格，汉堡只是进行比较的一个中介。但韩国人却用一种完全不同的方式来理解这一指数，当地的报纸高呼："麦当劳在韩国卖得最贵！"

性别、空间和快餐的意义

在韩国，去麦当劳的男女性别比例是 3:7。[26] 在被视为儿童乐园的地方吃汉堡，对大多数成年男人没有什么吸引力。先付钱点餐，然后坐下来吃的方式，也让韩国男性很不习惯。在传统的餐厅，消费者是在吃完后才付账的，这往往会引起抢着付账的现象。一些男性告诉我，像在麦当劳那样只付自己的钱，会让他们觉得很没面子。不过，在洋快餐引进之前，

---

* 译注：巨无霸指数由《经济学人》于 1986 年 9 月推出，是以一个国家的巨无霸汉堡售价，除以另一个国家的巨无霸售价所得出的商数。该商数用来跟实际的汇率比较；要是商数比汇率为低，就表示第一国货币的汇价被低估了（根据购买力平价理论）；相反，要是商数比汇率为高，则第一国货币的汇价被高估了。

韩国女性就已经形成了各自付账的习惯，所以她们更喜欢麦当劳。女性被麦当劳吸引的另一个原因是它并不像传统饭店那样提供酒类。一个远离酒精、适合儿童的环境，让没有家人和朋友陪伴的女性倍感安全和舒适。麦当劳希望能留住女性顾客，同时增加男性消费者的数量。因为男性是最佳的消费者：他们往往点全餐，而且停留的时间也较短。韩国都市的房租是昂贵的，大多数麦当劳餐厅位于中心商业区。为了提高利润，就必须让消费者尽量少在店内逗留，从而提高餐厅的利用率。

尽管如此，韩国的消费者还是把快餐厅视为了休闲中心，他们在店内的停留时间也比美国人要长。1978 年，一家新泽西州的汉堡王调查显示，美国人平均在店内停留 11 分钟。[27]而在 1994 年的调查中，我发现韩国人平均要待 35 分钟。我一共观察了 90 个群体，其中 44 个是女性群体（有的带着孩子），14 个是男性群体，13 个是男女混合群体（其中 9 对情侣），6 个家庭，此外还有 8 个单身女性和 5 个单身男性。平均而言，女性群体要待上 33 分钟，而男性则是 20 分钟。单独用餐的男性和家庭群体的人均购买量最大，单独用餐的男性停留约 17—18 分钟；约会的群体则待得最久，平均 46 分钟。所以，像美国的麦当劳那样开设"得来速"外卖窗口的办法，在韩国却未必可行。在这里，经营者不得不控制消费者的用餐时间。

为了解决空间问题，麦当劳雇用女性员工到处巡视，既是为了帮助顾客，也是给那些留在餐厅的人暗中施压，让他们吃完尽早离开。那些没点餐却待在餐厅的人，也因为女巡视员的存在而不能得逞。比如，她们会安排不同的消费者坐在一起，这样能充分利用空间，也让消磨时间的人难以待下去，因为韩国消费者在和陌生人一起进食时会觉得很尴尬，会吃完后尽快离开。为了加快座位的利用率，员工会在别人还没有吃完的情况下就清理桌面。施压的程度取决于餐厅所处的地区，在相对富裕的地区，交通的压力较少，员工对顾客的干扰也较少。

年轻人（尤其是女大学生和情侣）常常把麦当劳当作咖啡厅。在这里，他们可以边喝咖啡边聊天。在田野研究中，我观察到很多年轻的女性在这里补妆、写信、看书，甚至组织阅读和学习的聚会。比起咖啡厅，麦当劳是一个更实惠的选择，它们提供了干净、舒适和有空调的环境，且人均花费只有1—2美元，只是咖啡店的一半或1/3。而有礼貌的服务是年轻人选择麦当劳的另一个原因，人们无法以相同的价格在韩国传统餐厅享受这样的服务。

在麦当劳举办生日聚会，是取悦儿童最流行、最有面子的选择。[28] 麦当劳在把聚会的地点从家里转移到公共场所的同时，也改变了传统的庆祝方式。现在，孩子往往更希望和小朋友，而不是和家人一起过生日。麦当劳向孩子提供聚会的设备（诸如纸制的王冠），也赠送用塑料袋装着的小礼物（1994 年夏天出奇的热，当时的礼物是纸扇子，包装印刷成汉堡的样子）。无疑，这些礼物很有吸引力，它让别的孩子也想在麦当劳组织生日聚会。在这里，经营者通过营造适合儿童的家庭气氛，赢得了未来的商机。所以，在界定和使用餐厅的空间时，我们不仅能看到经营者和消费者之间的协商，也能看到不同消费者之间的互动。在这一过程中，麦当劳尽力地、有礼貌地"教育"消费者使用快餐厅的规则：我快速服务，你快速用餐并尽快离开。

很多消费者说，相比本土的快餐店，他们宁可选择价格稍高一点的麦当劳，因为他们需要干净、有空调的环境。所以，很少人选择外卖。韩国的消费者明确地认识到，他们已经为空间付费了，希望能在舒适的环境里获得快乐。为了解决空间问题，本地的经营者在电视广告上大力推销外卖服务。但他们也承认，要让消费者接受外卖也是一种享用麦当劳的方式，仍需花费较长的时间。

多数麦当劳位于交通便利的商业区，它们自然也成为约会和聚会的地点。餐厅的门口常常聚集了很多等待朋友或同事的顾客。为了方便这些人，经营者在大厅设置了留言板，人们可以在这里互相留言。不少人只是把麦当劳作为碰头的地点，在等人的时候他们只买一点点食物，甚至什么也不买，等到朋友后一起离开。另一些人则在这里会见朋友，但在朋友来之前他们也不会点吃的。这些人造成了麦当劳的拥挤，但经营者似乎接受了这一现象，认为这是餐厅受欢迎的代价。

另一个时常光顾但不消费的群体是借用卫生间的路人。韩国的公厕很少，因此很多人会选择麦当劳干净和舒适的卫生间，这加重了麦当劳的拥挤。虽然管理者并没有限制这些人使用卫生间，但多数餐厅都设有"请先点餐再上楼"的指示牌（多数卫生间都在楼上）。

消费、抗争和海外输入

在访谈中，很多人都坚持一个观点，认为消费者光顾海外连锁店，会对本土的经济发展产生负面效应，他们觉得喜欢外国货是超前消费和爱慕虚荣的表现。比如，有文章谈到可以让韩国企业从外国公司购买商标的使用权，在本土生产外国品牌。全国最大的两家报纸批评说："这一政策会造成贸易赤字，也会让人们更喜欢外国品牌，并鼓励超前消费。"[29] 普通民众非常关注有多少本国利润被外国企业拿走了。

报纸和电视密切追踪跨国企业的状况（包括快餐连锁业）。媒体的多数报道是负面的，常常以高价、高利润、低营养、不卫生和没有社会责任心等理由否定进口食品。一则新闻报道说："为了吸引大众注意，奢华的外国餐厅彻夜灯火辉煌，全然不顾国家对节约能源的提倡。"[30] 另一篇文章则坚持认为："外国快餐并不卫生，他们使用已经过期的培根和火腿。"[31] 还有一家报纸甚至这样写："快餐中充斥着大肠杆菌……主妇联盟（Association of Housewives）发现 1 克三明治上面有 1 亿大肠杆菌。"[32]

在大众的眼中，美国的文化帝国主义侵犯了本土的文化和价值，它反映了美国的政治和经济权力。而文化帝国主义也是韩国人拒绝麦当劳的重要理由。大众传媒一提起麦当劳，就会强调"麦当劳是美国最大的跨国餐饮业"。[33]

韩国政府同样对进口商品非常关注。跨国公司必须遵守《公平竞争法》，政府制定这一法案是为了防止大企业欺压小的竞争者。[34] 但只要商家的行为和韩国的商业文化相悖，政府就可以判定其违反"公平竞争"，并课以重罚。麦当劳的经理们说，别国常见的促销方式（如赠品、折扣）并不适用于韩国，甚至会被判定为非公平的竞争，因为小型的本土餐厅往往供应不起这些东西。大众传媒紧密监视着外国快餐厅，这也促使政府不得不密切注视麦当劳的一举一动。

根据《公平竞争法》，人们消费 10000 韩元的东西，公司赠品的价值不能超过 1000 韩元。对那些较贵的东西，赠品也不能超过商品价值的 10%，且最高不能超过 50000 韩元。在有奖销售中，那些价值 1000 韩元以下的东西，奖金不能超过 10000 韩元，而价值 1000—10000 韩元的东西，奖金则不能超过 50000 韩元。

1993 年，为了配合超值餐的出售，韩国麦当劳发布了一款有奖销售活动。超值餐的价位在 2250—3750 韩元，而大奖则是两张加州迪士尼乐园的门票。必胜客也曾有过类似的促销活动，奖品是一台个人电脑。[35] 显然，这都违反了《公平竞争法》。为此，美国贸易谈判代表指控这一法律阻碍了美国公司在韩国的发展，要求韩国政府修改这一苛刻的法律。[36]

尽管如此，在访谈中，管理者们都表示，他们有信心克服韩国复杂的商业环境。他们相信，公司能以高效率和价廉物美的特点战胜民众反美和反进口的情绪，他们期待消费者能放下政治偏见，转而用经济的、理性的眼光来看待麦当劳。

在他们眼中，消费者应该是独立的个体，而不是基于政治和利益形成的群体。消费者对麦当劳的选择，应该是个体化的经济行为，而不是意识形态化的象征性实践。所以，公司进一步的发展策略，是强调麦当劳作为家庭餐馆的美好价值和舒适感。

另一种缓和麦当劳"美国特色"的策略，是强化公司的韩国特色。公司强调韩国拥有 50% 的股份，同时也强调很多食料，如牛奶、番茄酱、汉堡面包等是由韩国商家提供的。相应的，这些供应商也借助麦当劳提升了自己的名气。每日牛奶（Maeil Milk）是麦当劳的供应商，它是这样做广告的："每日牛奶的高质量符合了麦当劳的严格标准！"这一广告让大众感觉到麦当劳生产的食物是卫生、纯净、新鲜的。

大米与汉堡之争

这场争论的内容是关于进口食品和民族身份认同的关系，而争论的焦点则是韩国的大米及其制造商。很多韩国人确信这一说法：主食的自给自足非常重要，它关涉到国家的安全，所以要保护国内的产品。半个世纪前，韩国经历了毁灭性的战争，在战争过程中，人们缺乏生存的基本条件，这段经历能回答为什么韩国的经济学人和商人如此强调农产品的贸易保护。而在国家政治中，米农构成了数量众多的选民群体。此外，很多都市人仍和农村亲属保持了亲密的关系，城市和乡村并非是截然二分的。因此，在很多韩国人眼里，吃本土的食物就等于保护住在乡村中的同胞——即使韩国产的食物价格更高。而大众认为韩国的农产品质量更好、营养更高的观点，无疑也支持了上述的说法。

　　20 世纪 90 年代，韩国流行一句俗话"身土不二"，意思是人类的身体和他们所处的自然环境紧密地结合在一起，为了维持人和宇宙的和谐，人们需要吃本土生长出来的东西。不难理解，这一口号是由全国农业合作联盟提出的，同时也受到主妇联盟和其他草根性环保组织的支持，这些组织都致力于反对进口食品。从"身土不二"的哲学来看，吃进口牛肉做的汉堡不但以激烈的方式毁坏了人体与环境的和谐，也摧毁了韩国人的身份认同。

　　媒体也激发了大众对农民和国产大米的同情，关于农业的电视纪录片起到了尤为重要的作用。从标题我们就能看出这些片子的用意，诸如 "美国大米等着我们国门大开"[37]、"泰国和澳大利亚对韩国大米市场虎视眈眈"[38]，以及"我们的大米，我们生存的命脉"[39]。这些节目强调，外国以低成本生产了大量的大米，已经威胁到了韩国农民的生存，同时还宣扬本土大米的高质量，并号召为了身体健康和国家的经济安全，人们应该食用国产大米。

韩国的大众媒体时常把争议上升到农民生存的高度，并淡化美国大米更便宜的事实。所以，农业协会往往无视进口大米更廉价的现实，组织反食品进口的抗议示威，都市产业工人时常是运动中最积极的力量。

韩国饮食中的共享文化与个人主义

和中国、日本一样，韩国人把"餐"等同于米饭。与大麦、玉米、小米和番薯相比，米是最受欢迎的碳水化合物。在传统的意义上，吃上米饭意味着过上了美好的生活。在韩国的民间故事中，人们就以住在房顶有瓦片的屋子里、吃米饭、喝牛肉汤来描述有钱人的生活。比如，在家喻户晓的《兴夫和游夫》中，故事里的孩子渴望吃到白米饭（与低级的糙米饭相对）、喝牛肉清汤。[40] 所以，大米不仅仅是一种谷物，它还被赋予了象征意义。对大多数人而言，它是神圣的。女性尤其被教育不要浪费一粒粮食，否则会招来神的暴怒，为家里带来厄运。

20 世纪 70 年代，韩国政府推行了很多政策（包括确立价格资助体系、制订研究和发展计划等）来推动大米的产量，这些政策最终奏效了。80 年代，韩国的大米产量达到了自给自足，不再需要进口。从 1985 年到 1992 年，大米占国内谷物产量的比例从 53.7% 增长到了 85.9%。结果是种植大米成为农业生产的代名词。在达到了自给自足后，政府开始强调要生产更高质量的大米。[41]

与下一章大贯惠美子谈到的一样，在韩国，吃大米也是一种共享性的行为。人们分享在一个锅里的米饭，吃同样的配菜，他们用"同锅吃饭"形容住在一起。而麦当劳和其他快餐店则相反，消费者自己选择口味。虽然人们也会在一起用餐，但他们往往不共享食物——薯条可能除外。在韩国，朋友之间倒是会点几包薯条，并放在一个盘子里共享，但这和传统的共餐完全不同。人们可以在麦当劳里独自进餐而不显得突兀，但如果在韩式餐厅里独自用餐，则会显得孤独而可怜。从访问对象的反馈来看，麦当劳的食物鼓励个体的选择，并助长了人们的个性。对年轻一代而言，这些是非常重要的文化特质。

为什么韩国的成年人比较难接受麦当劳？在我看来，原因之一是麦当劳的食物体系不能较好地融入韩国的文化体系中。尤其是汉堡，我们无法在现有的食物分类中给它一个合适的位置。其他的外国食品。诸如速溶咖啡、斯帕姆（Spam）午餐肉、奶酪和可口可乐，并不会对以米饭为基础的韩餐产生威胁，而且它们已经被吸收进了现有的食物分类体系。比如，很受欢迎的午餐肉[42]，它通常被人们切成薄片并裹上鸡蛋油炸，这和传统的猪肉末或牛肉末饼很相似。午餐肉还能与米饭和其他配菜同吃。相反，汉堡则创造了一个全新的食物类型。所以，午餐肉能够在韩国扎根，而巨无霸汉堡则仍是"外国"的。显然，这不仅仅是由品牌名字造成的，更与食物的分类体系相关。

或许，随着近来经济的增长和消费水平的提高，麦当劳的汉堡能在本地市场中有一个妥善的位置，而不会再被消费者视为高级的食物。经营者也意识到，麦当劳既需要把自己打造成为"正宗"的美式饮食，也需要致力于本土化，使其成为日常生活中的普通消费。

结论

在本章中，我描绘了麦当劳汉堡——它的意义、需求与消费——在韩国所面临的一系列争议。我试图展示，需求既不是一种自然的经济力量，也不是不变的、普遍性的存在。

书中谈到的所有人——消费者、经营者、员工、农民、媒体人和官员都会同意悉尼·明茨关于食物的看法：使用创造意义（Use implies meaning）。[43] 我们看到，在韩国，对汉堡的消费制造了多元的，甚至对立的意义。在推销本土产品的农民眼里，吃麦当劳的汉堡相当于"叛国"，他们认为这一行为造成了韩国人身份认同的丧失。而为麦当劳服务的员工则觉得吃汉堡是理性的选择，这一行为基于个人的喜好，在意识形态上是中立的。而当前韩国的政治气氛却鼓励人们基于国家利益，而不是个人的喜好或自身的利益选择进行消费。

韩国人之所以如此严肃地看待外来饮食，是因为它反映了韩国人既想获得全球化的生活方式，又怕失去韩国人的身份认同的矛盾心理。在一项关于英国饮食类型的研究中，玛丽·道格拉斯（Mary Douglas）*指出："一旦人们意识到被侵犯或有危险时，他们的饮食的规则往往体现了社会文化体系中的风险。"[44] 当孩子们喜欢外国食物（比萨、汉堡之类）胜过韩国食品（泡菜、牛肉汤等）时，关于失去韩国人身份认同的危险信号就出现了，因为汉堡、比萨已经转化为了下一

---

* 玛丽·道格拉斯：英国女人类学家，她的研究具有浓厚的结构主义倾向，研究侧重为象征文化等，代表作有《洁净与危险》（民族出版社，2008）等。

代身体中的一部分。

食物在身体的构成上起到了重要的作用，消费外来的食物也被视为是对社会身体的威胁。在韩国社会，不仅活着的人共享食物，祖先和后代之间也分享饮食。祭祖仪式中的饮食就是生动的例子，食物把所有的家庭成员，生者与逝者联系在一起。祭礼中的食物必须是祖先熟悉的，对祭品的消费，无论是精神的（逝者）或是实质的（生者），都确保了韩国人家族的连续性。因此，要理解外国食物所引起的争议，仅仅考察个人口味是不够的，必须把它放到社会实践的语境中进行考察。

"作为群体的韩国消费者"和"作为个体的韩国人"在积极地创造和重新定义人们接受麦当劳的条件。多数受访者告诉我，政府和利益群体对爱国主义的宣传并不会影响他们的选择，他们也不会盲目地被连锁店的营销策略而鼓动。使用餐厅进行社交和学习的青少年则明确地意识到他们并不受经营者的欢迎。很多消费者甚至觉得他们是在占餐厅的便宜，因为他们并没有为享受到的服务支付足够的钱。韩国的女性则把麦当劳视为释放都市生活压力的地方。这些消费者通过创造性的方式，把餐厅转化为了本土的设施，这一现象同样也发生在中国和日本。但韩国的本土化进程明显不同，政治在这里扮演了主导性的角色。在韩国的麦当劳不仅仅是一家公司，也是美国文化的鲜明象征，它反映了过去 50 年来，美韩之间复杂而又矛盾的关系。

第五章　麦当劳在日本：
改变中的行为与礼仪

大贯惠美子（Emiko Ohnuki-Tierney）

象征着"晚期资本主义"（late capitalism）[1]和美国快节奏生活的金色拱门已经在日本扎根下来。在资本主义的驱动下，日本经济开始急剧增长，并迅速改变了日本人的日常生活。在本章中，我将聚焦于麦当劳在日本的发展过程，重新检视关于全球化进程的理论假设。尤其是，我觉得我们必须把研究的重点从观察消费者的行为，转到新商品如何融入本土的文化中去。比如，在亚洲，快餐不仅是商品，也是"西方"与"美国"的象征。日本人如何看待作为美国文化的麦当劳？在成为日本文化的一部分时，这些商品（如麦当劳的汉堡）引发了哪些意料之外的效应？在本章中，我关注的不仅仅是作为食物的麦当劳，也包括快餐业对日本人餐桌礼仪和生活方式的影响。

麦当劳在日本

1971 年，毕业于东京大学的藤田田把麦当劳引进了日本。最初，藤田田投入了 130 万美元，开设了 5 家分店。当时正值日本经济飞速增长时期，麦当劳的生意也大幅扩张。1985 年元旦当天，神冈神社分店的单日业绩已经达到了 47871 美元。[2] 同年，麦当劳的销售总额在日本服务业中排名第一。[3] 到 1986 年，全日本已经有了 556 家分店，总营业额达到 7 亿 6650 万美元。当年，日本人每月消耗 12000 吨美国牛肉，15000 吨爱达荷州的马铃薯。[4]1991 年，全日本有了 860 家麦当劳，年销售额达到 16 亿美元。[5]1994 年，当我在日本进行田野调查的时候，日本的麦当劳已经扩展到了 1048 家，其中以大阪梅田阪神百货分店的业绩最高。[6]

麦当劳的地点集中在高地价的区域，比如第一家分店就开设在东京的银座。[7] 其他分店则位于主要的地铁站附近，往往空间很狭小，座位也有限。这些地方的好处是方便，但不够舒适。

日本麦当劳的菜单包括了任何一个美国麦当劳都能买到的标准餐点，此外，为了增加销售额，各餐厅还提供不同的食物，如中式炒饭，鸡肉或牛肉咖喱饭、煎蛋堡、肋排堡、热狗堡、虾堡、炸鸡块等。[8]1994 年夏天，餐厅还特别推出了培根生菜堡。到现在为止，唯一由当地研发并成为菜单上固定项目的是照烧堡（1994 年 4 月，在飞往东京的班机上，我访问了一位为三菱汽车公司服务的日本人，他正从美国出差回国，他坚持认为日本麦当劳的汉堡比美国的更好吃。一番讨论之后，我才知道他说的是照烧堡，而他喜欢的是酱油的味道）。其他在日本有供应，但不见于多数美国分店的食物还包括冰咖啡、冰／热乌龙茶、玉米汤、法式欧蕾咖啡和培根马铃薯派。

作为小吃的麦当劳

在日本，很多用大米制成的食物也可以称为"快餐"，不过，要定义哪些食物是快餐并不容易。因为日本正餐和快餐有两大共同点，几乎每种餐点都可以算是快餐。首先，除了汤以外，日本的食物多数是冷食。虽然晚餐的米饭一般是热的，但午餐的便当和饭团往往都是冷的。其次，日本人习惯于在进餐的时候把所有的饭菜都一起端上来，所以，混合了各种菜色的便当也就成为餐桌膳食的延伸。在日本社会，便当非常流行，在百货公司、超市和杂货店都能买到，还有小贩开着小型售货车在公司林立的地方出售。便当的价格从 250 到 2500 日元不等*，口味较好的便当在 500 日元左右。[9] 由于便当非常受欢迎，很多外国快餐业也出售便当。比如，1992 年，肯德基研发了一款昂贵的午餐便当，宣称使用了最好的大米和鱼肉。[10] 甚至火车站也出售"驿便当"，价格在 350—2000 日元之间。[11]

麦当劳的出现并未对午餐市场形成严峻的挑战。虽然它非常成功，但无论是我的访谈对象还是杂志报纸，都认为麦当劳是小吃，而不是正餐。即使是藤田田也认为："麦当劳取得了大多数日本消费者的认可，但大众仍然觉得它只是青少年喜欢的小吃、点心，而不是成年人的正餐。"[12]

一名来自美浓地区的年轻人是这样解释的：日本人通常觉得用面包做成的食物不能填饱肚子，所以他和同学选择丼 (donburi)** 作为午饭。此外，他喜欢大米汉堡（把肉、鱼或蔬菜加在面包状的米饼中）甚于汉堡。在他看来，汉堡仅仅

---

* 在本研究进行的时代（1994 年），1 美元 =103 日元。

** 译注：丼类似中国的盖饭。

是正餐间的小吃。在某本大众杂志上，一篇名为《汉堡是嗜好，牛肉丼才是正餐》的文章同意并发展了这一观点。[13] 作者发现，年轻的上班族不会把汉堡作为午餐，但在星期日，当他们带家人出去吃小吃的时候，往往会选择麦当劳。

因此，日本麦当劳只需和一小部分传统快餐（比如面条和非米食的食品）竞争。乌冬面是传统日本快餐，早在 200 年前它就受到了琉球和伊豆人的喜爱。[14] 另一种受欢迎的面条是荞麦面。荞麦面店最早出现在 17 世纪中叶的伊豆，当时被视为点心店。[15] 贞享年间（1684—1688）[16]，荞麦面店的数目剧增。1860 年，伊豆已经有了 3763 家荞麦面店，这还不包括街头小贩。[17] 从中国引进的拉面则是日本人喜欢的第三大面食。[18]

乌冬面和荞麦面不仅仅是快餐，如果使用高级的面、酱汁、海苔，精心装饰，并盛以精致的餐具，它们将成为高级餐厅中售价 2500 日元的珍馐佳肴。不过，即使面条或酱汁的品质再高，拉面也一直是低档次的食物。[19]

而其他的外国进口食品，比如肯德基，则被日本人视为正餐，也许是因为日本人也常吃鸡肉。人们对比萨的看法也不同于麦当劳，比萨——上面有章鱼、鱿鱼、玉米和菠萝——被认为是青少年聚会的食品。另外，重要的是，比萨可以大家共享，而麦当劳的食物显然缺乏这一特质。近年来，摩斯汉堡（Mos Burger）连锁店在日本很受欢迎，成为麦当劳有力的对手。摩斯汉堡自创了由牛肉和红辣椒合成的口味。此外，它也提供由鱼、肉或蔬菜制成的大米汉堡。这一连锁店深受青少年的喜爱。它们的店址多坐落于繁华的地区，如大学附近，但并没有进军东京的银座等地区。[20]

麦当劳为什么被视为小吃？

在本书中，我们发现，麦当劳被视为小吃而不是正餐的现象不仅发生在日本，也出现在北京、香港、台北和首尔。我不应该轻率地做出结论，认为这是跨文化的共同现象，而是应该先来探讨在日本文化中，肉和面包有什么不同于其他亚洲国家和地区的意义。日本人和所有的东亚人一样，都以米饭为主食，但他们对吃肉却比较节制，这一特点维持到了近代。

公元 6 世纪，佛教传入日本（从印度经由韩国），根据佛教众生平等的教义，官方制定了禁食陆生动物的法令。此后日本的“官方”饮食一直由鱼类和蔬菜组成。[21]从江户时代（1603—1868）到明治时期（1869—1912），日本人信奉以农耕文明为基础的宇宙论，米和稻谷成为日本文化认同的象征，此后又上升到了日本国家认同的象征。[22]

相反，在日本人的眼中，西方人是食肉者的形象。在他们看来，肉体现了西方饮食的显著特征——"野蛮"。日本人是这样谈论"他者"（the other）的："自我之于他者，正如大米之于肉类。"近代的一些改革者则认为应该全盘西化，放弃农业文化，驯养动物作为食物。他们认为，只要日本人还是只吃大米、鱼类和蔬菜，他们的身体就永远不能和食肉民族相抗衡。[23] 这一激烈观点的鼓吹者还认为，吃米食是"土包子"和未开化者的饮食习惯。[24] 日本人甚至发明了一道新菜：将配有牛肉或猪肉、洋葱，同时在米饭上浇上酱汁和蛋液的食物称为"开化丼"。[25]

另一些日本领导者则反对全盘西化，并强调了大米的优越性和稻米业的重要性。1854 年，当美军海军准将马修·佩里（Matthew Perry）*第二次抵日时，相扑选手为美国代表团表演，其中一个代表问："为什么日本人那么强壮？"一个叫常陆山谷右卫门（Hitachiyama Taniemon）的选手回答："因为日本人吃自己土地上种出来的大米！"[26] 尽管在明治时代，日本人已经开始吃肉，但直到第二次世界大战时期才大量吃

---

   * 译注：马修·佩里：18 世纪美国海军准将，他率领舰队叩开了日本的大门，恢复了日本的对外贸易，并间接促成了明治维新改革。

肉。20 世纪 70—80 年代，肉类的消费大幅增长，年轻人对肉的需求尤其巨大。麦当劳因而吸引了战后年青一代。[27]

相反，自从 19 世纪末被引进横滨以来，面包一直深受大众的喜欢。和对大米的态度一样，日本消费者对面包的看法也大相径庭。[28] 最初，面包只在德式或法式的面包房出售，受众主要是上层社会。对大多数日本人来说，汉堡面包仍是一个全新的东西，从形状、口味到吃法都是如此。

最早被洋快餐"入侵"的是早点：面包取代了原先的米饭。罗纳德·道尔（Ronald Dore）*认为，这一变化开始于1951 年，当时的家庭主妇喜欢用面包做早餐，因为面包是现成的，主妇们不再需要早起烹饪米饭。今日，很多都市人都不再在早餐时吃米饭了。[29] 面包的流行是一件不寻常的事情，因为烘烤并非日本传统的烹饪方法（确实，多数日本人家里没有烤箱）。此外，日本人在早饭时间吃的基本都是面包，连三明治都很少吃。

虽然多数日本正餐仍以米食为主，但大米的消耗量却下降了。造成这一现象的原因不是面包取代了米饭，而是人们

---

* 译注：罗纳德·道尔：英国社会学家，伦敦政治经济学院教授。主要从事日本经济与社会、企业文化、资本主义的比较研究等。代表作有《企业为谁而在：献给日本型资本主义的悼词》等。

对配菜——肉、鱼、蔬菜——的需求增长了。[30]尽管如此，对日本人来说，晚餐没有米饭仍是不可想象的，就像让美国人用三明治当晚餐那样荒诞。麦当劳的管理者认识到，"很多日本人是无米不欢的"[31]，所以，他们致力于开发米食类菜单，诸如中式炒饭（McChao）、咖喱饭等。

显然，日本人把汉堡视为小吃的决定性因素是因为它不含大米。在中国和日本文化中，作为食物的大米具有巨大的象征价值，就像面包之于美国人那样。美国人用"挣面包钱的人"（bread-winner）指代家里的顶梁柱，用"面包加黄油"（bread-and-butter issue）来形容生计问题。但是，在对肉类的接受上，日本又与其他国家和地区不同，这使得人们（尤其是老年人）不把汉堡看作是正餐。

食物和共餐

食物的重要面相之一是它在仪式和日常生活中所扮演的角色。食物把人们带到一起，让人们产生共同体的意识。通过分享食物，尤其是分享同一种食物，人们形成了相互联结的社会关系。就此而言，大米在日本的饮食中扮演了最重要的角色。所以，别的配菜可以分开送上来，但是米饭常常是盛在一个容器（往往是木制的）里，再舀到每个人的碗中，这一行为多由女性长者完成。这项工作是一种象征性的重要权力，所以，分饭的勺子往往只属于女性长者。[32] 俗语 "一个碗里吃饭" 简要地表达了一个概念：分享米饭的人构成了 "我们"。

在此基础上，麦当劳汉堡成为米饭的对立面。麦当劳是分餐制的，且很难共享（也正是如此，青少年聚会喜欢吃比萨，因为它可以共享，汉堡则不能）。而餐厅的物理空间也不利于共餐。最早在银座四丁目开张的分店非常狭小，甚至没有桌椅；搬到八丁目后，它也只有 22 个。靠墙的两边各有一张狭长的桌子，一张桌子配有 7 个位置，另一张则有 5 个座位。消费者对墙用餐，而桌子极为狭窄，以至于进食者的前额会撞到墙壁。屋子的中间是一个配有 10 张椅子的长桌。1994 年秋天，我两次来到这里，只遇到了一对情侣坐在中间的长桌上，一边聊天，一边进食。多数人都是独自前来，安静地进食。位于大阪北区阪急梅田地铁站内的麦当劳店面更加狭小，没有座位，消费者必须站着用餐，还必须尽快吃完。无论是在实质还是在形式上，这些麦当劳都和车站站台上的 "立面屋" 很相似。"立面屋" 为匆忙的乘客提供快速面条，乘客站着吃完后马上去赶火车。实际上，大阪麦当劳的旁边就有一家 "立面屋"。所以，麦当劳也为那些在上班途中吃早餐的年轻人提供了方便。[33]

其他的分店为消费者提供了更多的用餐空间。这些餐厅的一楼空间较小，只供点餐和用餐，二、三楼才提供座位。不过，即使是在楼上，高脚凳（这些凳子面对窗子或靠墙的桌子）也比桌椅要多。有一次，我到一家分店（位于时尚的六本木），发现一些高中生在第二层吃饭，照理他们只能坐在高脚凳上看街景，但他们试图打破物理空间的限制，创造共餐的氛围。不过，其他的消费者都是单独进食，我看见一位妇女背对房间坐着，整个进食过程中都在打电话（很多麦当劳餐厅都有公共电话）。一言以蔽之，青少年把麦当劳作为交友和集会的场所，而多数成年人则只把麦当劳视为快餐店，视为繁忙工作的加油站。

一位日本社会学家告诉我，麦当劳之于中学生，就像母亲之于幼儿。他解释说，除了麦当劳，没有一个餐厅可以让消费者坐在一起聊上两三个小时。[34] 很多小学生也把麦当劳作为小吃店，孩子们把麦当劳作为处于学校和补习班之间的休闲场所，他们也会坐着聊很久。所以，经营者也不会为了吸引更多的顾客而把这些学生赶出去。

日本人并不认为麦当劳是高档场所。我观察到，在麦当劳穿西装打领带的顾客基本都是外国人。实际上，我前面提到的那位三菱汽车公司的员工也说，穿着西装进麦当劳会让他尴尬。如果在工作时间要吃汉堡，他会派一个女职员去买。同样的，他也不会在工作期间去"立面屋"。

在过去20年里，日本社会最激烈的变化是青少年消费能力的增长。没有青少年，麦当劳不会在饮食市场上获得如此的成就。青少年（指高中以下年纪）一度只在家中吃饭，现在，甚至七八岁的孩子都常常在外用餐。学生们通过打工、向父母要钱等方式，获得了可供自身支配的零花钱。在过去10年里，以打小时工的方式赚零花钱成为青少年中的普遍现象。[35] 更重要的是，中学生开始约会，这是战后才有的现象。举个例子来描述青少年的文化，我发现，1994年大阪的高岛屋（大型日本百货公司连锁店）在出售BP机。让我惊奇的是，最有力的购买者不是医生或商业代理人，而是不想错过任何朋友电话的青少年。虽然，法律规定18岁以下的当事人在购买BP机时必须有父母的同意，但它在青少年中仍很流行。这一现象不仅象征了日本青少年的经济能力，也反映了他们的文化变迁。尽管从幼儿园开始，孩子们就经历着"考试地狱"，但很多孩子已不再像父母那样甘心被学校的作业奴役。一个有活力的同龄群体已经形成，麦当劳的成功在一定程度上要归功于这一现象。[36]

被建构的美国文化

虽然藤田田宣称，麦当劳并未把自己推销成"从美国来的"进口货[37]，其实，公司还是把麦当劳和美国文化联系在了一起。藤田确实舍弃了美国麦当劳的"乡村模式"：第一家分店开在东京银座——日本最时尚的街区；另一家分店开在三越百货里面，这是日本历史最悠久、最有名的百货公司。[38] 这两个位置使对美国文化了解有限的日本人产生了一种感觉，即认为麦当劳是美国文化的代表。此外，那些位于时尚街区的麦当劳则让青少年相信，站着吃饭——这种冒犯了日本餐桌礼仪的行为——是雅致的。1986 年夏天，为了强化麦当劳的美国身份，藤田还资助了百老汇的音乐剧《第四十二街》（*42nd Street*），这一节目在东京巡回演出了一个月。[39]

日本的消费者如何看待麦当劳？一些人把麦当劳和美国文化联系起来，更具体地说，是他们建构了日本人眼中的美国文化。一个很好的例子是《麦当乐》（*Mcjoy*）杂志。这份杂志以日文印行，其对象是本土的麦当劳消费者，每期的封面都是读者寄来的插画。[40]1994 年 10 月的杂志封面是一个金发碧眼、带着星形太阳镜和耳环的女性。插画的作者是一位姓森户的男性艺术家，他的意图是"利用星星和流行文化元素创造美国女性形象"。

值得一说的是，日本人心中的外国人形象，基本等同于金发碧眼的白种人。[41]一首流行的儿歌是这样唱的："我那蓝眼睛的洋娃娃，生在美国来到日本港。"这首歌出现于 20 世纪初，今日，即使无数日本人已经以不同的方式和外国人有了接触，但日本人对西方人的想象仍然不出这首歌的窠臼。《麦当乐》封面上的图案集中体现了日本人想象中的美国文化——一种由日本大众意识浸染过的文化形象。

猫肉汉堡奇谈

麦当劳的经营者和它的忠实消费者们把麦当劳视为美国文化的正面代表。不过，麦当劳也有负面的形象，关于猫肉汉堡的奇谈就是其中之一例。这是一个典型的都市传说，最早出现于 1973 年，在东京女大学生间流传：几个女孩自称在餐厅后面看到了猫的皮毛。[42]1975 年，另一个版本在东京和横滨的高校流传：一个男孩无意间进走麦当劳的后厨，看到了一堆猫头。言下之意汉堡是由猫肉做的。为了掩饰这一秘密，麦当劳给了男孩一万日元的钞票。[43] 这一传说在学生中流传了一段，但马上销声匿迹了。

麦当劳不是唯一被这类都市传说攻击的餐厅，人们还号称在摩斯汉堡里找到了蚯蚓。此外，肯德基以及乐天利和DOMDOM汉堡也都有类似的谣言。提到的动物不仅包括猫和蚯蚓，还有青蛙和南美大老鼠。近来在美国青少年之间流传的故事，是有一家澳大利亚工厂生产并出售以蚯蚓为原料的食品。实际上，几乎所有的外国食品都被流言中伤过，包括卖饺子的中餐店，甚至包括源于中国但早已本土化的拉面。传说拉面之所以如此鲜美，是因为它的汤是用乌鸦的骨头熬成的。[44] 很多日本人保持了对麦当劳的负面看法。1994年8月，在东京往横滨的地铁上，我和一位二十七八岁的女性聊天，她说她很少吃麦当劳，因为"没有什么营养"，而且觉得汉堡有一种"化学的味道"，不能确信公司往里面放了什么。

她对"化学味道"的强调和1990年初日本人反对大米进口的思潮有着离奇的相似。在美国和关税贸易总协定（GATT）的压力下，日本大米的支持者声称，外国的稻米受到了杀虫剂和化学药品的污染。消费者团体迅速去检验外国大米的成分，并要求政府调查进口米的来源与渠道。[45] 他们同时反对政府进行稻米杂交的尝试，认为化学性的外国稻米会"污染""纯种"的本国稻米。[46] 这些活动引发了消费者的广泛回应，他们被动员起来保护本国的大米和农业。很多人把日本大米作为自我认同的符号，标榜自己是"纯种的"。大米的种植还被认为能净化日本的空气和水。[47] 无怪乎麦当劳，这一被普遍视为外国饮食典范的食品，会深陷于这些象征性的争议中。

麦当劳和餐桌礼仪的改变

到现在为止，我对日本麦当劳的研究基本集中在它的受欢迎程度和文化意义上。现在，我不仅要探讨食物的意义，也包括进餐的方式。食物消费是一种社会行为，因此，进食的行为非常重要。也许，麦当劳对日本最显著的影响，是它鼓励人们以新的方式进餐——它改变了人们的餐桌礼仪。

荷兰学者伊拉斯谟*在他的拉丁文著作《儿童的文化》（1530）中，有一段警戒性的名言："向正在如厕的人打招呼是不礼貌的……有良好教养的人需要避免不必要的裸露以示谦逊。若不能避免，则需要以谦逊的方式为之。"[48]

---

　　* 译注：德西德里乌斯·伊拉斯谟（约 1466—1536），荷兰哲学家，16 世纪初欧洲人文主义运动主要代表人物。

日本的文明进程则与众不同。随地大小便曾经是各社会阶层都会做的事。在18世纪的京都，即便是妇女都会随地便溺。[49] 在1964年奥运会以前，日本要求男性不要在公共场所小便，女性不要在街头哺乳，因为"外国人会来，他们会觉得日本人不够文明"。在欧美文化中，男性的生殖器和女性的乳房要么带有宗教的意义，要么包含色情的意味，但日本不同，他们把这些身体的部位与性的功能区分开来，所以他们并不介意身体的裸露。在政府的压力下，妇女在公共场合的哺乳绝迹了，男性随地小便减少了，不过并未禁绝。

更重要的"文明"表现在餐桌礼仪上，它也更难改变。传统的饮食规则有两条：其一是吃东西的时候不能用手接触食物；其二是不能站着吃饭。对日本人来说，手和万物接触，所以它是脏的，即使洗过，它仍不洁净。在象征意义上，手是区别洁净的内在（身体和自我）和污秽的外在的空间界限。[50] 日本人自平安时代（794—1185）[51] 就使用筷子，筷子被认为是干净的，所以，除了一些有特殊文化意义的食物外，人们都用筷子进食，甚至吃汤面也用筷子。因此，很多日本人觉得用手拿着吃东西（比如三明治）是一件困难的事情，他们会把三明治切成小块，并配以牙签作为解决的方法。

不过，也有一些传统食物必须用手。比如寿司，虽然人们通常也用筷子夹取，但高级的寿司都是用手拿取的。午餐的主角——饭团也通常用手取食。当然，大多数日本人在取用食物时，会先用湿毛巾或纸巾擦手。实际上，日本食品的包装里往往附有方便纸巾。从仪式的角度认为手是不洁净的（尤其是左手），几乎是全世界的共识。[52] 在美国也是如此，用手加工食物的人需要戴上橡胶手套。康拉德·科塔克的研究发现，纽约的快餐连锁业也向顾客保证："我们的食物从未经手接触。"[53]

麦当劳对用手进食的禁忌并未产生太大的冲击。在1994年夏天的田野调查中，我注意到很多日本人仍然是隔着纸包装吃汉堡的，他们用这个方式把手和汉堡隔开来。一些人解释，这种方法是为了防止番茄酱和其他酱汁滴出来，但更主要的目的仍是不让手和食物直接接触。进而，我并未发现用手取食其他食物的行为有大幅增加的趋势。看来，麦当劳的引进对日本餐桌礼仪的第一条并没有太大的影响。

第二条禁忌：不能站着用餐则直接受到了麦当劳的冲击。在日语中，"立食"（tachigui）含有负面的意义。*人们觉得人

＊　编注：随着时代的改变，如今立食已经成了日本人在外的饮食习惯之一。为了节约时间，立食店尤其是立食拉面店很受一部分人群的欢迎。

与动物的区别就在于是否站着吃东西。同时，这条禁忌还包括了站着时不能有太多的动作。《日本书纪》(*Nihon Shoki*)* 中有一段话，认为站着放下物品、站着与上司说话和站着倒酒等行为都是很不礼貌的行为，违反者必须自杀。[54] 在最繁文缛节的茶道中，甚至连开门都需要跪着。"立食"最早出现在 1898 年，著名作家泉镜花（Izumi Kyoka，1873—1939）的小说《朱雀与玄武》(*Genbu suzaku*) 中。另一个著名的小说家永井荷风（Nagai Kafū，1879—1959）则在《美国物语》(*Amerika Monogatari*，发表于 1908 年）中把芝加哥描述成一个"人们用手抓着食物并站着进食"的地方。[55] 永井荷风的观察指出，在日本人看来，"立食"是区分外国人——"他者"——与日本人的一个标准。而正确的餐桌礼仪是挺直着跪坐在矮桌边用餐。麦当劳的汉堡、薯条和必胜客、肯德基都是用手指取用的食物，它们不需要盘子和桌子。前文也提到，第一家日本麦当劳并没有桌位。[56] 简言之，麦当劳之类的西式快餐店改变了日本人的餐桌礼仪。

其他公共场合行为的改变可以追溯到进口商品引进之初。比如，可乐和其他非酒精性饮料的引入，终止了日本人"对

---

* 译注：《日本书纪》是日本留传至今最早的正史，由天武天皇（673—686 期间在位）下令编纂，舍人亲王等人所撰，于公元 720 年（养老四年）完成。

瓶吹"喝饮料的方式。这一行为和"立食"一样，带有负面的意义。不过，现在的人们偶尔还会这样喝饮料，但只限于青少年，且主要发生在快餐厅内。

另一项饮食习惯的改变，得益于冰淇淋"大举入侵"饮食界。在第二次世界大战以前，人们对冰淇淋的消费有限，部分原因是很多日本人有乳糖不耐症，另一个原因是日本文化中忌食冰冻的食物，即使在夏天也不行。此外，吃冰淇淋需要人们张大嘴去舔舐，而传统的日本礼仪则讲究小口进食。女性更被要求在吃东西和笑的时候捂着嘴巴。现在，虽然现在很多妇女会使用勺子，但青少年已经普遍像美国人那样吃冰淇淋——用舌头舔——这和传统的做法截然不同。

所有这些餐桌礼仪的改变都是美式快餐影响的结果。当然，这些变化不是在一夜之间发生的，即使是在麦当劳进入以前，日本人的饮食习惯就在不断地变化。这一变化的先导，是椅子的引进和使用，它首先改变了跪坐的仪态。[57]

全球文化与本土文化

正如人类学家丹尼尔·米勒（Daniel Miller）指出的，"全球"是复杂的概念，它甚至包括了起源于非洲和加勒比海岸的事物，诸如"基督教黑人教堂、迈阿密的名牌乃至青年音乐"。[58] 但实际上，人们一说起"全球文化"，往往指的就是欧美文化。显然，在全球和地方的文化交流过程中，并非所有的社会都是平等的。

学者们往往只注重对消费者文化的研究，忽视了全球化进程中的其他方面。商品有其文化的源头，把它引入不同文化的过程，不仅仅是一种商业行为。在麦当劳的个案中，麦当劳的本土化（日本化）深刻地影响了人们对汉堡的接受。除了高扬民族主义的反美斗士以外，几乎每个国家和地区都把"美国"作为学习的典范。但各国创造的"美式文化"又往往和美国的本土文化体系大相径庭。

我一直惊诧于日本人对美国和美国人的想象与认识。甚至连那些频繁接触世界的知识分子都相信，美国是一个没有阶层分化的社会，个人只要通过自己的努力，就会获得较高的社会地位。这个连美国人也深信不疑的神话广泛地被日本人所接受。因为日本是一个阶层鲜明的社会，人们必须通过顺从、借助团体的力量才能达到成功，所以，他们把"美国"想象成为一个没有阶层差别的天堂，而青少年——最常去麦当劳的群体——尤其相信这一看法。

从文明的进程来看，我们发现麦当劳和其他跨国食品连锁业促进日本人形成了全新的礼仪观念。转变的过程是复杂的：传统的礼仪和流行的举止开始融合。新的饮食礼仪最初出现在家庭以外的快餐厅，在这里，采取反传统的饮食方式是一种时尚。而在家里，传统的礼仪仍是主导性的，且变化缓慢。不过，新式的礼仪逐渐在公共场所成为常规，时尚的快餐也成为日常生活与工作中的一部分。人们对流行的、全新的、激动人心的和异国体验的追求，已经转移到了其他流行文化领域。在这一过程中，麦当劳已经不可思议地"本土化"了。藤田田时常引用一则故事：一个日本少年团（类似童子军）的成员在国外旅行，他很惊奇地发现，芝加哥竟然"也有"麦当劳。[59]

从这则故事我们发现，具有讽刺意义的是，在文化的交流过程中，麦当劳对日本饮食的影响越来越衰微。在多数消费者眼里，麦当劳仍是"小吃"，它必定不能取代传统的日式饮食。但是，麦当劳和它的竞争者与模仿者们对公共场合的用餐行为生产了不可估量的影响。在当代日本——这个重视人际关系和文明礼仪的社会——这样的转变尤其具有深远的意义。

附录 作为政治标靶的麦当劳：
20 世纪的全球化与反全球化

詹姆斯·华生（James L. Watson）

本书的第一版问世于 1997 年，出版以后不久，全球经济增长开始放缓。20 世纪末，有批评家指出，在此后的发展中，数码技术会削弱独裁政府的力量，世界各地的人们都会得益于全球化。而在安然公司（Enron）破产、网络泡沫、"9·11"以后的反恐战争等一系列事件后，这些乐观的预言显得实在有些幼稚。

1997 年，东亚经济受到了金融危机的重创。香港房地产彻底崩盘，成千上万的中产阶级背负着沉重的房贷，而现在，这些房子的价格却下降到了不到最初的一半。20 世纪 90 年代，日本的经济坠入低谷，至今尚未恢复。韩国和中国台湾地区的高科技产品出口停滞，经济面临严重的衰退。中国大陆至今没有像邻国那样遭受经济危机，但为了维持高速的经济增长，也付出了代价：贫富差距急速拉大。[1] 尽管北京、上海等大都市持续繁荣，但乡村地区的发展却并不理想。

所有这些国家和地区都依赖以欧美国家为对象的出口，只有这样，这些国家和地区的人们才能在20世纪90年代维持高水平的生活。全球性的衰退最直接威胁到的人，就是书中说到的那些中产阶级：企业家、职员、教师和技术专家。这些人——背负生活压力的双职工夫妻，正是麦当劳服务的对象。麦当劳曾经以热食、快速、卫生、安全、良好的环境和"友善"的外表在这些地区战无不胜。在21世纪，这套战术仍然有效吗？对于中、日、韩的年轻人，"麦当劳叔叔"仍是超级明星吗？

全球性的反全球化运动

《金拱向东》出版后，各国的人们对全球化的态度发生了戏剧性的变化，这一变化和经济发展的状况一致。书中的五个个案主要根据20世纪90年代中期的田野调查展开。时日变迁，当时的政治和经济环境已不复存在。回顾过去，我们发现，20 世纪的最后十年是全球化迅猛发展的时期。很多政府（尤其是欧洲）大规模裁减军事预算，世界和平似乎不再是不可能的梦想。在后社会主义的国家，新的政治精英真心拥抱全球化。对于经历了冷战的人们而言，这是令人振奋的福音。但是，这种美好的梦想只持续了十年——从苏联解体（1991）到"9·11"事件（2001）。

麦当劳极大地得益于这十年，借助全球化的迅速发展，它成为世界上最成功的，同时也是独一无二的跨国公司。千禧年时，麦当劳已经在全世界 119 个国家和地区开设了超过27000 家分店。[2] 公司对跨国销售的依赖也更加明显。

进入新世纪以后，全世界的年轻人开始严肃思考全球化的兴起所造成的影响。新自由主义学者认为全球化并不是一种"零和博弈"*（zero-sum game）[3]，认为整个世界将最终受益；而其他的学者则抱更悲观的看法，他们认为全球化的最终受益者，是那些掌控世界资本和信息的大都市精英，结果必然是富者益富，贫者益贫。[4] 美国在 1980—1990 年的全球化初期获利匪浅，在这一阶段，反全球化的呼声尚不敌美国流行文化的巨大势力，属于无力反抗的弱势文化。此时，

---

　*　译注：零和博弈指参与博弈的各方，在严格竞争下，一方的收益必然意味着另一方的损失，博弈各方的收益和损失相加总和永远为"零"。

西方知识界充斥着关于文化帝国主义的论调。[5] 所以，当时的美国人仍然忽视关于全球化的争论。

相反，今日的美国人则以完全不同的观点看待世界。2003 年以来，新闻媒体开始关注美国人把工作外包*给中国、印度和墨西哥所引发的问题。讽刺的是，这些国家正是老一辈的反全球化论者极力保护免受美国文化入侵的对象。"外包"已经成为鼓吹全球化却自食其果的代名词。在 2004 年美国总统大选期间，一个候选人就将那些通过外包工作从中获利的领导人称为"本尼迪克特·阿诺德（Benedict Arnold）**式的叛国者"[6]。一些报社从美国的帕罗奥图迁到了印度的班加罗尔，因为当地受过高等教育工作者的薪水不到美国的一半。正如印孚瑟斯（Infosys Technologies）公司（一家外包的印度企业）的首席执行官在 2004 年世界经济论坛上所说："所有可以用电线传送的东西都可以外包。"[7] 纽约与洛杉矶的会计师会定期用电子邮件将客户的税务数据——包括扫描

---

　　* 译注：文中所说的外包有两种意义，其一是外包（outsourcing），即把业务交给其他专业企业来完成；其二是离岸外包（offshoring），即企业自己根据海外情况选择合适的地点建立工厂。

　　** 译注：本尼迪克特·阿诺德是美国独立战争时期的军事家。他官至少将，后因向英国方面出卖美军情报、阴谋通敌等罪名而流亡伦敦，最终被乔治·华盛顿判处缺席死刑。

后的收据——传送给印度的公司，由他们完成报税表格，再传回给客户进行签名申报。[8] 美国的信贷公司、银行、保险业和信用卡公司也会将例行的资料输入、审核工作外包给印度这个说英语的国家。[9]

作为政治标靶的麦当劳

自 20 世纪末以来，麦当劳就成为世界范围内反全球化运动的目标。诸位可以尝试以下行为：在任何一个搜索栏中打"McDonald's"，就会出来一连串反企业、反资本主义、反肥胖、反全球化、反动物虐待的网站。要是把这些都浏览个遍，估计得好些天（我试着这么做，但仅仅坚持了 6 个小时）。本书第一版的核心论点是：对于不同的人，麦当劳具有不同的意义。20 世纪 90 年代中期以后，这些意义急速转变，似乎呈现出了更多的负面效应。

在过去的十几年里，举办过反麦当劳运动的城市数不胜数，以下只是一部分：比利时的安特卫普；希腊的雅典；黎巴嫩的贝鲁特；塞尔维亚的贝尔格莱德；委内瑞拉的加斯拉斯；中国的长沙、西安与澳门；沙特阿拉伯的达曼和利雅得；美国的西雅图和纽约的加登城；意大利的热那亚与罗马；土耳其的伊斯坦布尔；印尼的雅加达；巴基斯坦的卡拉奇；秘鲁的利马；英国伦敦；澳大利亚的墨尔本；比利时的梅克瑟姆；墨西哥的墨西哥城；俄罗斯的莫斯科；印度的孟买；法国的巴黎；捷克的布拉格；法属布列塔尼亚的奎沃尔特；厄瓜多尔的基多；巴西的里约热内卢……[10]

麦当劳原本计划在墨西哥瓦哈卡市历史悠久的中央广场建造分店，但此举激怒了当地的环保主义者。一位艺术家说："这是我们城市的中心，人们在这里聚会、谈论政治、购物、消遣时间。我们决不让麦当劳的金拱在这里出现。"[11]法国的若泽·博韦（Jose Bove）原是一个农夫，后来成为政治活动家，他曾经驾驶着拖拉机闯入法国南部的一家麦当劳，从而引发了国际性的关注。博韦以反全球化的公共演说而成名，他在世界各地巡回演说，着重谴责了麦当劳和美国主导的全球化。[12]

也许，对麦当劳国际形象影响最大的是发生在伦敦的声名狼藉的麦当劳诽谤案。英国总部的领导阶层犯了一个致命的错误，控告了两位在当地餐厅外散发反麦当劳传单的抗议者（我们可以在下面提到的网站上看到这份传单）。控告从1994年7月持续到1997年7月，吸引了大量国际媒体的关注。这两位抗议者戴夫·莫里斯（Dave Morris）和海伦·斯戴尔（Helen Steel）都是素食主义者，他们最终被判有罪，但法庭也同时宣布，麦当劳在虐待动物和剥削儿童等问题上负有责任。[13] 这一胜利的代价太高了，麦当劳就像《圣经》中被大卫（David）杀死的巨人歌利亚（Goliath）*，招来了世界性的嘲弄和批评。诉讼还催生了一个热门网站：www.McSpotlight.org。这个网站成为全球化时代反麦当劳运动的前沿舞台。创办者甚至联系其他网站，共同设立了一个世界性的反麦当劳日（10 月 16 日）。[14]

其他国家和地区的分店可以从英国的事件中吸取教训。法国的麦当劳对抗议示威的回应就非常迅速：1999 年，法国一家麦当劳受到了袭击，公司随即派出一个女发言人，强调麦当劳雇用了 30000 个法国人，且"80% 的产品在法国制造"。当地的民众于是发起了另一场抗议运动，他们的口号是："美国生产，法国制造。"[15] 在 2001 年美国轰炸阿富汗之后，印尼雅加达的麦当劳也曾受到威胁，当地的经营者也以类似的方法应对。他们在店外挂上绿色的标识牌，上面写着："以仁慈和悲悯的安拉之名，印尼的麦当劳由本地的穆斯林所经营。"他们还在阿拉伯文印刷的海报上注明，当地餐厅

---

　　* 译注：大卫杀巨人歌利亚的故事出自《圣经·撒母耳记上》第 17 章，后被引申为以弱胜强的典范。

所供应的食物都是清真的，保证不含猪肉。餐厅里还挂着经营者班邦·拉奇马迪（Bambang Rachmadi）和妻子穿着伊斯兰服饰去麦加朝圣的照片。[16]

为什么是麦当劳？

为什么麦当劳屡屡成为政治抗争的对象？其他公司（比如可口可乐、迪士尼）也常受到批评，但它们没有麦当劳受到的那么频繁，且抗议也未必带有激烈的反全球化和反美情绪。显然，对于多数抗议者来说，如果无法在美国大使面前抗议，那么就选择离自己最近的麦当劳吧，这是一个更好的选择。[17]

为什么食品业比汽车制造业、软件业和媒体业吸引了更多的政治关注？对于人类而言，食物是最重要的产业。饮食习惯一旦变化，人们的身份认同也会改变，乃至受到威胁，尤其是牵涉到美国公司时。[18]也正是如此，法国和意大利的民众发起了"慢食"（slow food）运动，并迅速流行开来，因为在那里，全球化就等于麦当劳化。[19]

法国人对美国快餐业的反馈尤为耐人寻味。到2004年春天，全国已经有1040家麦当劳，分布在750个城镇。[20]尽管麦当劳在德国不那么受欢迎，但在法国，每 6 天就有一家新店开张，由此成为欧洲最具商业利润的市场。这一特点也加剧了法国知识分子和劳工阶层之间的鸿沟。[21] 在当今世界，时间就是金钱，对于巴黎人而言，花 2 个小时吃一顿由多道餐点组成的法式午餐早已是奢求，有资格享用的只有少数知识精英和政治家。

麦当劳在其他国家和地区的境遇也差强人意。公司后来承认，标识为"素食"的炸薯条其实含有牛肉的提取物，所以麦当劳在印度的扩张被迫暂缓。虽然这种提取物从没输入到印度，但当地的民族主义者抓住了这一丑闻，指控麦当劳试图破坏神圣的印度教的素食传统。[22]

2003 年，麦当劳关闭了在玻利维亚、巴拉圭和特立尼达的餐厅，这三个国家当时陷入了严重的经济危机。这是麦当劳第一次从市场中退出来，因此震动了金融界。玻利维亚的中产阶级感到非常愤怒，在他们的心目中，从 1997 年开张以来，麦当劳就是现代化和进步的象征，但现在这个象征背叛了他们。[23] 麦当劳同样也在日本、丹麦、英国和中国台湾地区关闭了一些餐厅。[24] 更让人担心的是，自 1973 年开张以来，日本公司的营业额第一次出现了亏损。[25] 与此同时，麦当劳又陷入了新的论争中，这次论争比此前的任何争议都要严重。

肥胖政治学

2001 年 8 月，两个纽约的青少年控告麦当劳让他们变得肥胖。几乎是一夜之间，肥胖问题成为反麦当劳组织与相关利益群体热炒的话题。争论中牵涉到的政治问题对全球食品产业和未来的发展产生了深远影响。

负责上述诉讼的法官罗伯特·斯威特（Robert Sweet）最终驳回了这项控告和后续的法律行为。在长达 64 页的报告中，他写道，"如果消费者知道……吃麦当劳食物的潜在弊病，但仍然选择过量的、超大号的麦当劳食物，就不能怪罪麦当劳，"此外，"法律没有必要去保护消费者远离暴食"。[26] 这一判决并未终结争议。受到这第一桩诉讼的鼓励，很多律师、营养学家和反企业者主张，供应商应该为产品对消费者长期健康造成的影响负责，就像烟草公司必须为香烟造成的健康问题负责一样。[27] 比如，公共利益科学中心（Center for Science in the Public Interest）要求美国食品药物管理局（U. S. Food and Drug Administration）在含糖饮料（尤其是苏打类和果汁）的外包装上，像烟盒那样印上警示标志。[28] 这些行为虽然还没有付诸实践，但要求采取食品管制行动的压力只会越来越大。

相似的争议也出现在欧洲和东亚。在韩国，一个组织抨击那些来自"肥胖国家"的快餐造成了韩国儿童的肥胖。香港地区的反全球化运动也抓住肥胖问题，将其作为公共议题的核心大做文章。当然，欧洲的媒体也用整版的篇幅来报道纽约的诉讼，很多评论家希望英国、法国和意大利能出台相关的法令。[29]

美国食品工业的捍卫者迅速做出了回应。自由消费中心（Center for Consumer Freedom，该中心受到了相关企业的资助）制作了一则电视广告，广告内容借用了《宋飞正传》（*Seinfeld*）中的剧集《纳粹汤厨》（*Soup Nazi*）的情节，讽刺了一个拒绝为超重顾客服务的主厨。这一系列的其他广告集中讽刺了那些对快餐业指手画脚的"食物警察"（food police）。[30] 同时，2004 年 3 月，美国众议院以 279 票支持、139 票反对通过了《个人食品消费责任法案》（*Personal Responsibility in Food Consumption Act*，被大众昵称为"奶酪汉堡法案"）。正如一个众议院代表所说："对镜子照照吧，每人都要为自己的行为负责。"这项法案也回应了众议院多数派领袖汤姆·德雷（Tom Delay）所说的"麦当劳让我意识到了要对食物有所防范"。目前，这项法案已经得到了国家餐饮协会（National Restaurant Association）的支持，也获得了白

宫的签署；不过，在撰写本章的时候（2005 年秋天），美国
参议院尚未审查这项法案。[31]

　　美国食品业的批评者，如塔夫斯大学（Tufts University）
的詹姆斯·特罗森（James Tillotson）指出：“目前没有任何法
律规定要求（大型食品公司）要考虑他们的市场营销行为对
消费者体重的影响。”他质疑美国政府的政策，认为相关政策
的制定基于“个人的体重应由自己负责”的见解之上，这样
的做法未必能使个人免受肥胖之苦。他最后认为：“只有国会
才有权力动用国家的力量，以解决健康问题。”[32] 耶鲁大学
心理学家凯利·布朗奈尔（Kelley Brownell）也是知名的食品
工业批评者，他批评针对儿童的广告过多，“平均每个美国儿
童一年看到 10000 个食品广告”，且这些广告时常对孩子造成
“负面影响”。[33]

　　麦当劳又一次成为全球争议的焦点。肥胖对人类健康的
威胁确实在增大，新一代消费者的体重普遍比父母要重，这
一点在东亚尤其明显。[34] 麦当劳巨无霸汉堡的热量有 560 卡路
里，而奶酪双层堡（Double Quarter Pounder with Cheese）的
热量则达到了 730 卡路里，但它不是唯一提供发胖食物的
厂商。哈迪斯汉堡（Hardee's）的巨兽三明治高达 1420 卡路
里 [35]，而汉堡王出售的双层奶酪汉堡（Double Whopper with

Cheese）达到了 1040 卡路里，温蒂汉堡的巨型培根堡（Big Bacon Classic）系列的热量有 580 卡路里，大杯的可乐（32 盎司）的热量也有 310 卡路里。但为什么最后是麦当劳饱受肥胖问题的指责？

无疑，麦当劳遍布全球各地是最主要的原因，它毕竟是最大的快餐连锁业。不过，在我看来还有另一个重要的原因。典型的麦当劳由四种食物构成：油炸过的肉片、高温油炸的马铃薯、含糖饮料和冰淇淋圣代。而且麦当劳是一家提供速食的餐厅，它洁净、安全、有空调，且相对安静。不同于其他受到肥胖问题指控的食品公司（如可口可乐和卡夫食品），麦当劳致力于为消费者提供家以外的家，一个提供热食——而不是先在其他地方准备好的冷食——的地方。麦当劳成功地塑造了另一个家的形象，也因此招来了更强烈的批评。[36] 家一般的魅惑，再加无人能抵御的食物，成为公司的"阿基里斯之踵"。[37]

当然，麦当劳已经在努力摆脱提供高脂肪、高热量食物的公共形象。2003 年 3 月，在纽约肥胖诉讼案过后，麦当劳宣布和纽曼有机食品公司（Newman's Own，由好莱坞影星保罗·纽曼创办）合作，推出新的沙拉。这不是公司第一次生产健康食品（20 世纪 90 年代初，麦当劳曾推出瘦肉

汉堡^[38]），但却是最成功的一次。^[39]麦当劳同时宣布，从 2004
年底开始，公司也不再推出大号的薯条和饮料。"超大型"已
经成为反肥胖运动攻击的对象，甚至还出现在反麦当劳的电
影片名中。^[40]其他的应对措施还包括把麦乐鸡的肉都改用白
肉[*]，并大力推行水果核桃沙拉。此外，公司率先采购不含抗
生素的鸡肉、猪肉和牛肉，这一行为对美国肉食包装业产生
了重大的影响。^[41]虽然这些改变并没有打动那些反肥胖运动
的积极分子^[42]，但美国的消费者似乎对此表示了欢迎，近来
麦当劳的销售市场也有所反弹。不过，我们尚不清楚这些追
求健康的努力，是否会影响麦当劳在其他国家和地区的销售
业绩。

家庭革命：银发族的挑战

在本书的第一版中，我们将麦当劳的成功，尤其是在
东亚的流行归因于家庭价值的转变。早期的亲属关系研究
强调代际平行关系，儿子首先想到的是父母，接着才考虑
子嗣；核心家庭是在相对晚近的时代才出现的。在传统的

---

* 译注：指禽类的胸部和翅膀等处的肉。

三口之家中，祖父母在经济和赡养上依赖他们成年的子女（尤其是儿子）。[43] 这是儒家家族制度的主要特点，东亚的政治家常常运用这一套文化价值，来应对全球化和西方的消费主义。[44] 正如书中指出，如果不去迎合年轻人，以及那些背负着沉重的生活压力，且子女尚未成年的夫妻，麦当劳不可能在东亚获得成功。与东亚家庭价值紧密相关的儒家文化在麦当劳进入之前已经衰微。如今，东亚的家庭更注重的是儿女的需求，老年人在家庭中的地位反而下降了。[45]

今日，东亚社会面临着另一场家庭革命，这场革命比 20 世纪末婚姻家庭的转变影响更加深远。1998 年，超过 60 岁的中国人已经达到了人口总数的 10%；到 2020 年，这一比例将达到 16%。日本的情况更加严峻，2000 年，超过 65 岁的人口达到了 17%；到 2020 年，这一数字将达到 26%。韩国的数据也相差无几，2000 年，65 岁以上老人将近 13%；而 2020 年将增长到 21%。[46] 日本和韩国政府为老人制定了相应的社会保障，这一保障比美国还要完善。而中国在建立社会保障制度上仍有待努力，养老的责任仍由家庭而非国家担负。[47] 与此同时，随着老一辈的退休，消费的主力会迅速转移到新一代——独生子女身上。[48] 此外，不同于新中国成立前成长起来的人，20 世纪 50—60 年代成长起来的这些人不会满足于有限的养老金，他们希望子女能资助自己维持舒适的生活，而且，他们的寿命比老一辈更长。他们对生活的标准也更高。

在新的环境中，麦当劳和其他以青少年为主要对象的产业还有未来吗？如果以近来香港麦当劳发展的情况来看，答案是完全肯定的。在20世纪80—90年代，麦当劳是10—20岁青少年课余聚会的场所。而今日，香港的麦当劳迅速成为退休者的天堂。[49]中国人口转变的后果要到2020年才会全部显现出来，但很明显的是，无论是在东亚，还是美国，乃至欧洲，夕阳产业都将是下一个热门产业。[50]

结论：作为政治象征的麦当劳

显然，尽管尽了最大的努力，麦当劳仍然背负了全球化的所有包袱——好的和坏的，甚至是极度丑陋的。和同业者相比，麦当劳是独一无二的，它受到了全世界社会活动家的关注。实际上，人们很难找到一个抗争性的运动与麦当劳无关。

要理解现代社会文化变迁的全貌，区分形式和内容的差别非常重要。在判定全球化的影响时，第一印象往往是不可靠的。人们要是首次去北京或首尔的购物中心，往往会震惊于其间的美国文化形象：耐克商店、星巴克咖啡、邓肯甜甜圈（Dunkin Donuts）、迪士尼海报、可口可乐冰柜，当然还有麦当劳的金色拱门。初到此地的新手（包括记者、评论家以及坐着商务舱满世界飞的全球主义者）很容易得出这样的结论：全球化改变了非西方文化的内核。实际上，他们看到的仅仅是形式——全球化的外在表现。而要了解这些文化的内在意义（也就是内容），就必须深入了解当地的语言、历史和风俗。觉得世界各地的文化是"相同的"，这一看法是一种幻觉，它就像一套厚重的盔甲，掩盖了各地对全球化做出的地方性反应。

这也解释了为什么麦当劳及其无所不在的金色拱门成为全球化的象征。这一象征的内容（也就是人们赋予它的意义）随着政治、经济和社会环境的变化而改变。在 20 世纪 90 年代，中国、韩国、俄罗斯和其他新兴市场的消费者把麦当劳视为现代、自由、富裕和新家庭价值的象征。今天，新世纪头十年已经过了一半*，人们认识到了全球化的阴暗面。相应的，"9·11"以后，麦当劳也被卷入了各种抗争性的运动中。

这篇文章反映了截至 2005 年的社会状况，这一年也正是

---

* 译注：指撰写本文的 2005 年。

麦当劳成立 50 周年。这家雷·克洛克创办的传奇公司还能延续另一个 50 年吗？人类学家并不擅长经济预测，最好向别人打探这个问题。但人类学家可以确定的是，进入 21 世纪以后，麦当劳仍会继续背负全球化的包袱。在这一过程中，其他的企业也会遭受同样的攻击，比如众所周知的沃尔玛和星巴克。不过，它们没能像麦当劳那样，引发那么多的抗议性关注。其他的东西会变，但是麦当劳的核心产品（热的、舒适的饮食），以及全球性的反肥胖运动仍将持续，麦当劳的金色拱门不会迅速从世界政治舞台的中心消失。敬请期待：我们只看到了序幕，由肥胖政治引发的好戏还在后头。

注释

BOOK EPIGRAPHS: Daphne Berdahl, *Where The World Ended: Identity, Differentiation, and Re-Unification in the German Borderland* (Berkeley: Univ. of California Press, 1997); John Zubrzycki, "To Curry Favor in India Debut, McDonald's Sells Maharaja Macs," *Christian Science Monitor,* Oct. 16, 1996, Clarinet.biz.industry.food: 5421.

导言

1.1992 年 4 月 23 日，北京麦当劳开张的第一天就吸引了 40000 名消费者，完成了 13214 笔交易，创造了麦当劳日交易量的新纪录。*New York Times*（NYT），Apr. 24,1992.

2.*Wall Street Journal*（WSJ），Nov. 22, 1994, p. A16. See also *Business Week*（BW），Dec. 5, 1994, p. 46; *Tampa Tribune,* Nov. 21, 1994, p. 2; NYT, Jan. 8, 1995, p. 19; *Newsweek,* Dec. 12, 1994, p. 54; *South China Morning Post*（SCMP），Dec. 3, 1994, p. 2. 这个餐厅最后在 1996 年 11 月 2 日关闭，并在距原址 150 米处重建。（NYT, Dec. 2, 1996, p. D2.）

3.Rubie S. Watson, "Making Secret Histories: Memory and Mourning in Post-Mao China,"in Rubie S. Watson, ed., *Memory, History, and Opposition Under State Socialism*(Santa Fe, N.M.: School of American Research, 1994).

4. "First Quarter Results," McDonald's Investor Release, Apr. 18, 1996, p. 10 (restaurant and country figures); *1995 Annual Report,* McDonald's Corp., McD6-3030, p. iii (sales figures); *Welcome to McDonald's,* 1996 Student Information Packet, McD5-2940, pp. 13–

14（customers served and hourly rate of new restaurants）.1996 年 11 月，白俄罗斯和塔希提岛成为第 100 和 101 个引进麦当劳的国家。（Clarinet.biz.industry.food: 5850, Dec. 9, 1996）

5.据《商业周刊》（*BW*）报道，在全球的份额中，非美国地区麦当劳的营业收入已经超过了半数。（1995 年 5 月 8 日，第 8 页）

6.据《波士顿环球报》（*Boston Globe*）1994 年 12 月 15 日报道，麦当劳已经开到了沙特阿拉伯的麦加。

7. 这是伦敦的《星期日泰晤士报》（*Sunday Times*）1995 年 6 月 25 日的文章标题。这篇文章报道了这样一个案件：两个英国的抗议者自发控告麦当劳造成了环境污染，而麦当劳则反诉了他们。这场诉讼旷日持久，总共花费 314 天进行审讯（是英国有史以来最长的诉讼）。伦敦《独立报》（*The Independent*）的一篇文章提道："如今，每天有 100 万英国人在麦当劳用餐，它在经济上获得了巨大的成功，但为何却成为中产阶级憎恶的焦点？"（1995 年 6 月 10 日第 13 页）

8.See Lana Wong, "Noodles Take on Sesame Seed Buns," SCMP *International Weekly*（SCMPIW）, July 13, 1996, p. B3. 马志平（音译）称："第一个国家发展快餐业的计划……马上将由国务院宣布。"（《中国日报》，1996 年 3 月 14 日）

9.For a discussion of this theme, see John Tomlinson, *Cultural Imperialism: A Critical Introduction*（Baltimore: Johns Hopkins Univ. Press, 1991）. Ester Reiter's book *Making Fast Food*（Montreal: McGill Queen's Univ. Press, 1991）focuses on Burger King's "invasion" of Canada; for another view, see Phil Lyon et al., "Is Big Mac the Big Threat?" *International Journal of Hospitality Management* 14 (2) : 119–22（1995）.

10.See John Huey, "America's Hottest Export: Pop Culture," *Fortune*, Dec. 31, 1990, pp. 50–60.

11.See, for example, Ariel Dorfman and Armand Mattelart, *How To Read Donald Duck: Imperialist Ideology in the Disney Comic*（New York: International General, 1975）.

12.Ronald Steel, "When Worlds Collide," NYT, July 21, 1996.

13.Marshall McLuhan and Bruce R. Powers, *The Global Village: Transformations in World Life and Media in the 21st Century*（New York: Oxford Univ. Press, 1989）. For a critique of globalism as a homogenizing process, see Mike Featherstone, "Introduction," in Mike Featherstone, ed., *Global Culture: Nationalism, Globalization and Modernity*（London: Sage, 1990）, pp. 1–14.

14.Benjamin R. Barber, *Jihad vs. McWorld*（New York: Times Books, 1995）, p. 4.

15.See, e.g., James Der Derian, "Speed Pollution," *Wired* 4.05（May 1996）, pp. 120–21; Robert Rossney, "Metaworlds," *Wired* 4.06（June 1996）, pp. 140–46, 202–21; Po Bronson, "On the Road to Techno-Utopia," *Wired* 4.05（May 1996）, pp. 122–26, 186–95. 在《失控：机器、社会系统和经济世界的新生物学》一书中，《连线》的主编凯文·凯

利（Kevin Kelly）对数码革命作了最明晰的表述。（Reading, Mass.: Addison-Wesley, 1995）. For another view, see Richard Rose-crance, "The Rise of the Virtual State," *Foreign Affairs* 75（4）: 45–61（1966）.

16.Patty Jo Watson, "Archaeology, Anthropology, and the Culture Concept," *American Anthropologist* 97（4）: 683–94（1995）.

17. 直到 20 世纪 70 年代，罗伯特·雷德菲尔德（Robert Redfield）的定义仍是被人类学家最广泛接受的。在雷德菲尔德看来，文化是"一个复合的整体，包含了知识、信仰、艺术、道德、法律、习俗以及作为一个社会成员所习得的其他一切能力和习惯"。（1940, as quoted in P. J. Watson, "Archaeology," p. 683）.

18.Roy D'Andrade, *The Development of Cognitive Anthropology*（Cambridge, Eng.: Cambridge Univ. Press, 1995）, pp. 182–217; see also James Boster, "Requiem for the Omniscient Informant," in J. Dougherty, ed., *Directions in Cognitive Anthropology*（Urbana: Univ. of Illinois Press, 1985）.

19. "品位"（taste）作为高等社会身份的表达，最清晰地体现在消费形式上。See Pierre Bourdieu, *Distinction: A Social Critique of the Judgement of Taste*（Cambridge, Mass: Harvard Univ. Press, 1984）; Daniel Miller, *Modernity—An Ethnographic Approach: Dualism and Mass Consumption in Trinidad*（Oxford: Berg Publishers, 1994）, pp. 203–56; and Daniel Miller, "Consumption as the Vanguard of History," in Daniel Miller, ed., *Acknowledging Consumption: A Review of New Studies*（London: Routledge, 1995）.

20.See, e.g., Daniel Miller, "The Young and the Restless: A Case of the Local and the Global in Mass Consumption," in Roger Silverstone and Eric Hirsch, eds., *Consuming Technologies: Media and Information in Domestic Spaces*（London: Routledge, 1992）.

21.Arjun Appadurai, "Disjuncture and Difference in the Global Cultural Economy," in Featherstone, ed., *Global Culture*.

22.Featherstone, "Introduction," *Global Culture*, p. 6; see also Ulf Hannerz, *Cultural Complexity*（New York: Columbia Univ. Press, 1992）, pp. 217–67.

23.Christopher A. Bartlett and Sumantra Ghoshal, *Managing Across Borders: The Transnational Solution*（Boston: Harvard Business School Press, 1991）.

24. "The Post-National Economy: Goodbye Widget, Hello Nike," *Far Eastern Economic Review*（FEER）, Aug. 29, 1996, p. 5.

25.Saskia Sassen, *The Global City: New York, London, Toronto*（Princeton, N.J.: Princeton Univ. Press, 1991）.

26.John Love, *McDonald's: Behind the Arches*（New York: Bantam Books, 1986）, p. 431.

27.Scott Pendleton, "Giving Golden Arches Global Span," *Christian Science Monitor*, May 21, 1991, p. 8, emphasis added.

28.Love, *McDonald's*, p. 431. 全球化的批评者会注意到，这里的"控制"是一个很重要的概念。麦当劳设立了明确的指导方针，特许经营者必须对汉堡中的腌制蔬菜是怎么放的、员工的制服作出统一的设计。本土的经营者必须"控制"经营的规模。但正如洛夫和坎特卢波指出，经营者往往掌握了一半以上的份额，且能自主作出投资上的决定。他们也有相当的能力控制、决定当地的广告宣传、餐厅的位置和一定程度上的菜式发明。

29. 在中国，95% 的麦当劳原材料来自本土。see Emily Thornton, "McManaging Supplies," FEER, Nov. 23, 1995, p. 76.

30. 正如伍日照所说："当我们在香港开业时，有一家很著名的餐厅宣称'中国人从不吃汉堡'。每一个人都有很多理由证明麦当劳为什么不能成功。" FEER, Jan. 11, 1996, p. 30.

31.See Love, *McDonald's*, pp. 425–30 on Fujita, pp. 431–33 on Ng. See also "Den Fujita: Bringing Big Macs to Japan," BW, Sept. 8, 1986, p. 53; "Daniel Ng: Asian Achievement," FEER, Jan. 11, 1996, p. 30; and "Ng Sells Stake, but Sticks with Burgers," *Asian Wall Street Journal*, Apr. 13, 1995, p. 10. For the Ray Kroc legend, see his *Grinding It Out* (Chicago: Regnery, 1977).

32.V. Snegirjov, "The Hero of Capitalist Labor: McDonald's Is Not a Mere Restaurant Chain, It Is an Entire Philosophy," *Pravda*, July 31, 1991, pp. 1, 4 (translation courtesy McDonald's Canada).

33.Richard Robison and David Goodman, eds., *The New Rich in Asia: Mobile Phones, McDonald's, and Middle-Class Revolution* (London: Routledge, 1996); see also Roger Janelli with Dawnhee Yim, *Making Capitalism: The Social and Cultural Construction of a South Korean Conglomerate* (Stanford, Calif.: Stanford Univ. Press, 1993), pp.89–123.

34.On women's work and changing gender roles, see Jean C. Robinson, "Of Women and Washing Machines: Employment, Housework, and the Reproduction of Motherhood in Socialist China," *China Quarterly* 101: 32–57 (1985).

35.See Sangmee Bak, "Professional Woman's Work, Family, and Kinship: A Case Study of a Taiwan Television Station." Ph.D. diss., Harvard Univ., 1994, pp. 37–73.

36.On the nature of conjugality and its consequences, see Yunxiang Yan, *The Flow of Gifts: Reciprocity and Social Networks in a Chinese Village* (Stanford, Calif.: Stanford Univ. Press, 1996), pp. 193–206; and Charlotte Ikels, *The Return of the God of Wealth: The Transition to a Market Economy in Urban China* (Stanford, Calif.: Stanford Univ. Press, 1996), pp. 118–39.

37.See, e.g., Jing Jun, "Children as Consumers: Links of Population Policy and Economic Reform in China," in David Wu, ed., *Changing Diet and Foodways in Chinese Culture* (Hong Kong: Chinese Univ. of Hong Kong, in press).

38.Merry White, *The Material Child: Coming of Age in Japan and America* (Berkeley: Univ. of California Press, 1994), p. 112.

39.SCMPIW, Dec. 2, 1995.

40.Ezra Vogel, *Japan's New Middle Class* （Berkeley: Univ. of California Press, 1963）.

41.White, *The Material : Child.*

42.Theodore Bestor, "Lifestyles and Popular Culture," in R. Powers and H. Kato, eds., *Handbook of Japanese Popular Culture* （Homewood, Ill.: Greenwood Press, 1989）.

43.Janet W. Salaff, *Working Daughters of Hong Kong: Filial Piety or Power in the Family?* 2d ed. （New York: Columbia Univ. Press, 1995）, pp. xviii–xx.

44.Fai-ming Wong, "Industrialization and Family Structure in Hong Kong," *Journal of Marriage and the Family* 37: 985–1000 （1975）.

45.Bak, "Professional Woman's Work."

46.Charles Stafford, *The Roads of Chinese Childhood* （Cambridge, Eng.: Cambridge Univ. Press, 1995）, p. 61.

47.Janelli, *Making Capitalism*, pp. 207–10; see also Okpyo Moon, "Urban Middle Class Wives in Contemporary Korea," *Korea Journal* 30 （11）: 30–43 （1990）.

48. 来自于作者在 1990 年对首尔国立大学同事的访谈。一个身为左翼知识分子的母亲说："我的孩子坚持在麦当劳和肯德基用餐，无论我如何要求，他们都不肯吃泡菜。在食物的选择上，我常常会败给他们。"

49.Reuters, Aug. 6, 1996, Clarinet. biz.industry.food: 3476.

50.On the origin of fast food see e.g., Holly Chase, "The *Meybane* or McDonald? Changes in the Eating Habits and the Evolution of Fast Food in Istanbul," in Richard Tapper and Sami Zubuida, eds., *Culinary Cultures of the Middle East* （London: I. B. Tauris, 1994）, p. 76; Paul H. Noguchi, "*Ekiben*: The Fast Food of High-Speed Japan," *Ethnology* 33 （4）: 317–30 （1994）; John K. Walden, "Fish and Chips and the British Working Class, 1870–1930," *Journal of Social History* 23 （2）: 244–66 （1989）. Walden calls fish and chips "the pioneer fast-food industry" （p. 244）.

51.*Asian Wall Street Journal*, Dec. 28, 1995.

52. 所有的经营者都要在汉堡大学上 2 个星期的课程，课程是关于质量的控制和管理程序的。汉堡大学还在伦敦、慕尼黑和东京设立了分校。See Robin Leidner, *Fast Food, Fast Talk: Service Work and Routinization of Everyday Life* （Berkeley: Univ. of California Press, 1993）, pp. 54–57; and Rhonda Reynolds, "The Dean of Fast Food's Harvard," *Black Enterprise,* Sept. 1994, p. 52.

53.Leidner, *Fast Food,* p. 82.

54.Ibid., pp. 48–58.

55.Alan B. Krueger, "Ownership, Agency, and Wages: An Examination of Franchising in the Fast Food Industry," *Quarterly Journal of Economics* 106 （1）: 75–101 （1991）, p. 78.

56.Eric Berg, "An American Icon Wrestles with a Troubled Future," NYT, May 12, 1991, p. B6.

57.BW, Oct. 13, 1986, p. 80.

58.Thomas L. Friedman, "14 Big Macs Later ... ," NYT, Dec. 31, 1995 (emphasis in original).

59. 医药研究者现在才开始研究味觉的秘密，这或许是人类知觉中最少受到严肃关注的。耶鲁大学医学院的琳达·巴特舒克（Linda Bartoshuk）发现，人类味蕾的数目是有差异的，有的人比他人拥有更多的味蕾，甚至多很多。因此，有的人味觉很强，能辨认出调料中很细微的差别；而有的人则没有味觉，能连眼睛都不眨地把红辣椒吃下去。因此，人们对麦当劳标准口味的看法如此多样也就不奇怪了。John Willoughby, "Taste? Bud to Bud, Tongues May Differ," NYT, Dec. 7, 1994, pp. C1, C11. See also Constance Classen, *Worlds of Sense: Exploring the Senses in History and Across Cultures* (London: Routledge, 1993).

60. 当一个日本经理携全家在北美旅行时，他的儿子看见麦当劳金色的拱门，惊呼："美国也有麦当劳！" *Christian Science Monitor*, May 21, 1991, p. 8. 台湾工程师和电脑专家带着他们在美国出生的孩子回台湾时，孩子们的反应则相反："看！台湾也有麦当劳！"（来自我对台湾同事的访谈）《国际先驱论坛报》（*International Herald Tribune*）上曾登了一张照片，并附有如下说明："一个回台的科学家和他的家人（妻子和3个孩子）在新竹麦当劳用餐。"（1995年2月22日，第2页）

61.Andrew Selvaggio, "Feeding Olympians and Other Fans of the Big Mac." NYT, May 29, 1996, pp. C1, C4. Olympic athletes consumed 150,000 Big Macs and double cheeseburgers in 22 days; McDonald's press release, July 31, 1996, http: //www.mcdonalds. com.

62.Nuri Vittachi, "Gates to the Middle Kingdom," SCMPIW, Dec. 30, 1995, p. 11.

63.Reuters, "First Kosher McDonald's Opens in Israel," Oct. 11, 1995. Clarinet.biz. industry food· 3859. Earlier outlets in Israel were nonkosher and had sparked protests; see, e.g., Lisa Talesnick, "Rabbi Battles Golden Arches," *Boston Globe*, Mar. 23, 1995.

64.Jonathan Karp, "Food for Politics: McDonald's Opens in India's Prickly Market," FEER, Oct. 24, 1996, p. 72; Dan Biers and Miriam Jordan, "McDonald's in India Decides the Big Mac Is Not a Sacred Cow," WSJ, Oct. 14, 1996, p. A11. 由于近来肯德基在印度民族主义者和极端素食主义者中引发了一些问题，一些快餐业（如麦当劳）决定暂时搁置在印度的扩张。see Miriam Jordan, "U.S. Food Firms Head for Cover in India," WSJ, Nov. 21, 1995, p. A14. 1996年1月30日，班加罗尔的示威者冲破了警方的封锁，洗劫了一家肯德基。（NYT, Jan. 31, 1996）. 在更早的一些时候，新德里的卫生部门关闭了当地的一家肯德基，原因是他们在厨房发现了两只苍蝇，这一事件引发了当地传媒的狂热。（NYT, Nov. 25, 1995, p. 4）.

65.John Oleck, "When Worlds Collide," *Restaurant Business* 92（10）: 48–56（July 1, 1993）, p. 50.

66.Holly Chase, "The *Meyhane* or McDonald's?p. 75; Silvia Sansoni, "Big Macs Al Dente?" BW, Nov. 28, 1994, p. 8（Italy）; Harlan Byrne, "Welcome to McWorld," *Barron's*, Aug. 29, 1994, p.

25（Netherlands）; *Welcome to McDonald's,* 1996, McDonald's Corp., McD 5–2940, p. 29（Philippines, Norway, Germany, Uruguay）.

67.Richard Gibson, "McDonald's Decides to Trim the Low Fat in Menu Shake-Up," WSJ, Feb. 5, 1996, p. B5; Simon Midgeley, "Big Mac Gets a Mouthful of Abuse," *The Independent,* Oct. 28, 1994.

68.James Scarpa, "McDonald's Menu Mission," *Restaurant Business,* July 1, 1991, p. 4.

69.Julie Vorman（Reuters）, "Burger King to Dish Up 'Stealth' Fries," Mar. 20, 1996. Clarinet.biz.industry.food: 4562; see also, "America's Fry-Meisters Go to War," BW, Sept. 16, 1996, p. 8.

70.See, e.g., Martyn J. Lee, *Consumer Culture Reborn*（London: Routledge, 1993）, esp. chap. 5, "The Political Economy of Fordism," pp. 73–85.

71.Allen Sheldon, "A Theater for Eating, Looking, and Thinking: The Restaurant as Symbolic Space," *Sociological Spectrum* 10: 507–26（1990）, p. 520.

72.Warren J. Belasco, "Toward a Culinary Common Denominator: The Rise of Howard Johnson's, 1925–1966," *Journal of American Culture* 2（3）: 503–18.（1979）, pp. 511–13.

73. 石油公司的标准化和产业化带动了食品公司的标准化和产业化。see John A. Jackle, "Roadside Restaurants and Place-Product Packaging," in George O. Carney, ed., *Fast Food, Stock Cars, and Rock 'n' Roll: Place and Space in American Pop Culture*（London: Rowan & Littlefield, 1995）, p. 97.

74.*Welcome to McDonald's,* McDonald's Corp., McD 5–2940（1996）, pp. 8–10.

75.Elaine Louie, "Sushi, in Just Three Seconds," NYT, Jan. 4, 1995, pp. C1, C7.

76.*The Economist,* Jan. 15, 1994, p. 89.

77.Krueger, "Ownership," p. 83.

78.Dolores Whiskeyman, "Will You Take Your Order, Please?" *American Demographics* 13（1）: 13（Jan. 1991）.

79. 来自梅丽莎·卡德威尔（Melissa Caldwell）的田野调查和乔治·科恩（George Cohon）提供的纸垫和录像带。托盘纸垫上写着："巨无霸汉堡是由两片新鲜、健康的牛肉和莴苣、奶酪、酸黄瓜、洋葱和面饼做成的，再撒上芝麻。"

80. 梅丽莎·卡德威尔发现，很多莫斯科人把汉堡揭开，一层一层地吃。第二章显示，一些刚接触麦当劳的香港人也是这么吃的。

81.Peter Stephenson, "Going to McDonald's in Leiden," *Ethnos* 17（2）: 226–47（1989）, pp. 236–37.

82.Rick Fantasia, "Fast Food in France," *Theory and Society* 24: 201–43（1995）, pp. 221–22; Melissa Caldwell, "Consumption, Choice, and Fast Food in Moscow," research paper, 1995, Dept, of Anthropology, Harvard Univ.

83.Sheldon, "A Theater," p. 519.

84.Ron Harris, "Candlelight, Champagne and Two Big Macs, Please," *San Jose Mercury News*, Sept. 16, 1994, pp. E1–E2; Peter Wilson, "KFC Won't Chicken Out in Third Venezuelan Try," *Advertising Age*, Dec. 13, 1993, pp. 1–15.

85.1994 年，缅因州麦当劳的托盘衬垫上印着："在今天的麦当劳，超值不仅仅意味着低价，它还指快速、谦恭的服务、干净的卫生间和在找钱时的微笑，这就是你能享受到的。"

86.Leidner, *Fast Food*, p. 68.

87.*The Economist*, Jan. 31, 1990, p. 74.

88. 日本可能是一个例外："在日本，微笑服务仍是一件不让人普遍接受的事情，以至于餐厅需要把它印在菜单上。写着微笑服务：0 日元。"FEER, Jan. 5, 1995, p. 48.

89.Penny Moser, "The McDonald's Mystique," *Fortune*, July 4, 1988, p. 113.

90.Andrew Pollack, "Food-Poisoning Outbreak Alarms Japan," NYT, July 25, 1996, pp. A1, A8.

91. 来自景军和邵镜虹 (Jeanne Shea) 的调查。在当时中国卫生部的检查中，北京56% 的小饭馆和 44% 的街头小贩被取缔了。同时，在中国餐厅提供的食物中，有超过四分之一的食物不符合卫生标准。UPI, Nov. 4, 1996, Clarinet.biz.industry.food: 5578.

92.Beverly Chao, "McDonald's to Sue Copycats," SCMPIW, May 7, 1994; personal observations by Sangmee Bak, Thomas Rawski, and J. L. Watson.

93.Donald McNeil, "Restoring Their Good Names: U.S. Companies in Trademark Battles in South Africa,"NYT, May 1, 1996, p. B1; *Wired* 4.02(Feb. 1996), p. 166(Bangalore); Reuters, "McDonald's Wins Danish Ruling on Name," Aug. 24, 1995, Clarinet.biz. industry. food: 3570; David Lindley, "What's in a Name? McDharma's Natural Fast Food," *Mother Jones*, Jan. 1987, p. 15.

94.Oleck, "When Worlds Collide," p. 56; Seth Faison, "Razors, Soap, Cornflakes: Pirating in China Balloons," NYT, Feb. 17, 1995, p. D2; and SCMPIW, July 13, 1996, p. B3. 我的一个同事从河北省回来，他带回了一件特殊的礼物：一双绣有金色拱门的袜子，这双袜子包装得像炸薯条一样。要是把这类山寨货搜集起来，大概能装满一个博物馆。显然，这都证明了麦当劳品牌的力量和它的象征资本。

95.Personal communications, Bernadine Chee and Eriberto (Fuji) Lozada.

96.Hamilton Beazley and John Lobuts, "Rational Teaching, Indentured Research, and the Loss of Reason," *Academe*, Jan.-Feb. 1996, p. 30（McThink, McMyth）; Douglas Coupland, *Generation X*（New York: St. Martin's, 1991）（McJobs）; Eugene Kennedy, quoted in NYT, July 13,1996（McSpirituality）.

97.George Ritzer, *The McDonaldization of Society*（Thousand Oaks, Calif.: Pine Forge Press, 1991）, p. 1.

98.Ibid.

99. "All the World's a McStage," BW, May 8, 1995, p. 8. 同时，麦当劳已经成为世界领先的品牌。根据国际权威品牌评估公司英特品牌（Interbrand）的评估，麦当劳已经超越了 20 世纪 90 年代位居第一名的品牌可口可乐。See *The Economist*, Nov. 16, 1996, p. 72.

第一章　麦当劳在北京

本章的研究基于我 1994 年 8–10 月在北京的田野调查，这项调查的资助来源于美国哈佛大学费正清研究中心的卢斯基金会（Henry Luce Foundation）。在此，我要向赖林胜、张紫云和其他一些北京麦当劳公司成员的合作和帮助表示感谢。我同时要感谢北京大学的王瑞、盛双霞、何洁和光华路小学的连东媛的帮助（均为音译）。同时，我要感谢陈蒨、景军、悉尼·明茨、詹姆斯·华生、鲁比·华生对初稿做出的有价值的评论。

1. *New York Times*（NYT），Apr. 24, 1992.

2. *China Daily*, Sept. 12, 1994; *Shijie ribao*（World Journal），Dec. 2, 1966.

3. *Fuwu zhiqiao*（Service Bridge），Aug. 12, 1994.

4. Ibid., Aug. 19, 1994.

5. 和世界其他地方一样，麦当劳被北京人认为是美国的象征。就像乔治·瑞泽尔（George Ritzer）所说："很多人强烈认同麦当劳，实际上，有些人觉得那是一个神圣的场所。在莫斯科麦当劳开张时，一个记者说这是'美国文化的终极成功'。" See George Ritzer, *The McDonaldization of Society*（Thousand Oaks, Calif.: Pine Forge Press, 1993），p. 5.

6. 在 20 世纪 90 年代早期，每开一家麦当劳，中国媒体都会做详尽的报道。*Tianjin qingnian bao*（Tianjin Youth News），June 8, 1994; *Shanghai jingji bao*（Shanghai Economic News），July 22, 1994; *Wenhui bao*（Wen Hui Daily），July 22, 1994. See also Han Shu, "M: changsheng jiangjun"（M [McDonald's]: the undefeated general），*Xiaofei zhinan*（Consumption Guide）2: 10–11（1994）.

7. See, e.g., *Shoudu jingji xinxi bao*（Capital Economics Information），Nov. 28, Dec. 3, 1993.

8. Xu Chengbei, "Cong maidanglao kan shijie"（Seeing the world from McDonald's），*Zhongguo pengren*（Chinese Culinary Art）8: 3（1993）.

9. *Fazbi ribao*（Legal System Daily），Sept. 9, 1992.

10. *Gaige daobao*（Reform Herald）1: 34（1994）.

11. See Xu Chengbei, "Kuaican, dacai yu xinlao zihao"（Fast food, formal dishes, and the new and old restaurants），*Jingji ribao*（Economics Daily），Sept. 17, 1994.

12. See Rosemary Safranek, "The McDonald's Recipe for Japan." *Intersect* 2（10）: 10（Oct. 1986）; and NYT, Apr. 13, 1994.

13. 这一数据由作者在 1994 年 9 月 28 日对北京麦当劳总裁赖林胜的访谈中获知。

14. 大学生是中国信息最灵通的青年群体，他们往往对外国食物非常喜爱。对北京一所著名大学的 100 个学生的调查显示，只有 3 人不曾吃过麦当劳。在另一所学校，大一的学生刚经历了 3 星期的军训。军训结束后，他们做的第一件事情就是去最爱的餐厅，如麦当劳、肯德基和必胜客。

15. K. C. Chang, "Introduction," in K. C. Chang, ed., *Food in Chinese Culture: Anthropological and Historical Perspectives* (New Haven, Conn.: Yale Univ. Press, 1977), p. 7. See also E. N. Anderson, *The Food of China* (New Haven, Conn.: Yale Univ. Press, 1988), p. 25.

16. Xu Chengbei, "Kuaican wenhua and wenhua kuaican" (The culture of fast food and the "cultural fast food"), *Zhongguo pengren* 10: 15–16 (1991).

17. *Zhongguo ripin bao* (Chinese Food News), Nov. 6, 1991.

18. *Jingji ribao*, Sept. 15, 1991.

19. Interview with Tim Lai, Sept. 28, 1994.

20. For an interesting study of eating etiquette in south China, see Eugene Cooper, "Chinese Table Manners: You Are How You Eat," *Human Organization* 45: 179–84 (1986).

21. For a critique of the social consequences of McDonald's fast food and its culture, see Ritzer, *The McDonaldization of Society*.

22. 这些数据由作者在 1994 年 9 月 28 日、10 月 22 日对北京麦当劳总裁赖林胜的访谈中获得。中国麦当劳设有党支部，这也让餐厅显得与众不同。

23. *Far Eastern Economic Review*, Mar. 4, 1993, p. 50.

24. *Zhongguo jinkou bao* (China Import News), Sept. 13, 1994.

25. *Beijing wanbao* (Beijing Evening News), Sept. 10, 1994.

26. See, e.g., *Zhongguo qingnian bao* (China Youth News), Sept. 29, 1994; *Guangming ribao* (Guangming Daily), Sept. 29, 1994. News of the flag-raising ceremony was also broadcast on Beijing Radio Station.

27. 1994 年 11 月底，北京麦当劳和市政府产生了法律纠纷。北京市政府要求王府井的麦当劳搬迁，为一个巨大的商贸中心（由香港富豪投资）腾地方。麦当劳坚持它的合同还有 18 年才到期，这一事件引发了世界性的关注。See *Wall Street Journal*, Nov. 22, 1994; *South China Morning Post*, Nov. 27, 1994; and *Newsweek*, Dec. 12, 1994. 最后，在 1996 年底，双方达成了统一意见，为了确保商贸中心的顺利建设，麦当劳同意搬迁。北京政府则向麦当劳作出经济补偿，并在离原店 150 米的地方为餐厅安置好新址。See *Shijie ribao* (World Journal), Dec. 2, 1996.

28. See, e.g., *Beijing wanbao*, Feb. 10, 1994; and Ya Guanning, "Jingcheng kuaican yipie" (A glance at the fast food in Beijing), *Fuwu jingji* (Service Economy) 4: 24–25 (Apr. 1994).

29. Conrad P. Kottak, "Rituals at McDonald's," *Journal of American Culture* 1 (2):

372（1978）.

30. 在乔治·瑞泽尔看来，以机械代替人工是麦当劳化的四种表现之一。See Ritzer, *The McDonaldization of Society*, pp. 10–11.

31. 在长安商场的一家餐厅，一个退休的护士长扮演了麦当劳阿姨的角色。她做得如此之好，以至于当她升迁并转到上海的新店工作后，仍有消费者不断地问起她。

32. The concepts of *renqing, guanxi*（personal networks）, and *mianzi*（face）dominate Chinese patterns of social behavior. For a detailed discussion, see Yunxiang Yan, *The Flow of Gifts: Reciprocity and Social Networks in a Chinese Village*, esp. chaps. 6 and 9（Stanford, Calif.; Stanford Univ. Press, 1996）.

33.*Beijing wanbao*, Mar. 14, 1994.

34. 从 20 世纪 70 年代末期以来，中国政府和各界专家都认为，如果没有严格的生育控制，中国资源的消耗会越来越快。1979 年，一对夫妻被鼓励只生育一胎，1980 年，这一决定成为国家性的政策。1982 的人口普查显示，中国的人口已经超过了 10 亿人，此后，国家对计划生育政策的执行力度更加严格。80 年代中期以后，这一政策有所放松。1984 年，开放二胎的政策开始谨慎地执行。由于社会和经济的原因，独生子女政策在乡村遇到了比在城市更多的阻碍，在北京、上海等大城市，它取得了最大的成就。For detailed studies, see Judith Banister, *China's Changing Population*（Stanford, Calif: Stanford Univ. Press, 1987）; and Susan Greenhalgh, "The Evolution of the One-Child Policy in Shaanxi, 1979–88," *China Quarterly* 122: 191–229（1990）.

35. *China Daily*, Sept. 12, 1994.

36. Jack Goody, *Cooking, Cuisine and Class*（Cambridge, Eng.: Cambridge Univ. Press, 1982）, p. 181. "儿童权益" 的崛起算得上是一种现代现象，它发生在很多国家和地区，包括美国。我要感谢悉尼·明茨的提醒，他促使我去思考现代性对父母与子女关系的影响。

37. See John F. Love, *McDonald's: Behind the Arches*（New York: Bantam Books, 1986）, p. 449.

38.*Zhongguo xiaofeizhe bao*（China Consumer News）, Sept. 12, 1994.

39. See, e.g., Gao Changli, "Woguo jiushi niandai chengxian duoyuanhua xiaofei qushi"（Consumption trends have diversified in China during the 1990s）, *Shangpin pingjie*（Commodity Review）10: 6（1992）; and Dong Fang, "Zhongguo chengshi xiaofei wuda redian"（The five hot points in Chinese urban consumption）, *Jingji shijie*（Economic World）1: 22（1994）.

40. Gong Wen, "Guonei gaoxiaofei daguan"（Hyperconsumption in China）, *Xiaofei zhinan*（Consumption Guide）2: 1–12（1993）; and Zhao Bo, "Xingxing sese yang xiaofei"（Varieties of consumption of foreign goods）, *Market Price* 3: 9（1994）.

41. Luo Jufen, "Gaoxiaofei: buke yizhi de chaoliu"（Luxury consumption: an irresistible trend）, *Shangpin pingjie* 6: 5（1993）.

42.Lin Ye, "Xiaofei lingyu xin sanjian" (The new three big items in consumption) , *Zhongguo shicang* (China Market) 7: 28 (1994) .

43. For details of this survey, see Pian Ming, "Beijing qingnian rezhong gaodang shangpin" (Beijing youth are keen on expensive commodities) , *Zhongguo gongshang shibao* (China Industrial and Commercial Times) , July 16, 1994.

44. See *Xiaofeizhe bao* (Consumer News) , Aug. 22, 1993.

45. See news reports in *Zhongguo xiaofei shibao* (China Consumption Times) , Feb. 3 and Mar. 3, 1993.

46. Gu Bingshu, "Waican: dushi xin fengshang" (Eating out: a fashion in cities) , *Xiaofeizhe* (Consumers) 3: 14–15 (1994) .

47.*Beijing wanbao*, Jan. 27, 1993.

48.*Beijing qingnian bao* (Beijing Youth Daily) , Dec. 18, 1993.

49. Mian Zhi, "Xishi kuaican fengmi jingcheng, zhongshi kuaican zenmoban?" (Western fast food sweeps Beijing; what will Chinese fast food do?) , *Aiqing, hunyin yu jiating* (Love, Marriage, and Family) 6: 11 (1993) .

50. Yan Zhengguo and Liu Yinsheng, "Zhongguo kuaican shichang shui zhu chenfu?" (Who will control the fast food market in China?) , *Shoudu jingji xinxi bao*, Dec. 8, 1992.

51. See, e.g., *Shichang bao* (Market News) , Nov. 10, 1992; Xiao Hua, "Da ru zhongguo de yang kuaican" (The invasion of foreign fast food in China) , *Jiating shenghuo zhinan* (Guide of Family Life) 5: 6–7 (1993) ; and Yang Guangzeng, "Yang kuaican chi shenme?" (What do we get out of foreign fast food?) , *Gaige daobao* (Reform Herald) 1: 34 (1994) .

52. See, e.g. *Beijing wanbao*, Jan. 27, 1993; and Huang Zhijian, "Yige juda de qingnian xiaofei shichang" (A huge consumption market among youths) , *Zhongguo qingnian yanjiu* (ChineseYouth Studies) 2: 13 (1994) .

53. Sidney Mintz, "Time, Sugar and Sweetness," *Marxist Perspectives* 2: 65 (1979) . In his well-known book *Sweetness and Power: The Place of Sugar in Modern History* (New York: Penguin Books, 1985) ,悉尼·明茨作出了精彩的分析，即在17-18世纪之间，随着资本主义的崛起，糖如何从一种奢侈的外国食品变成了欧洲劳工阶层的日用品。

54. See *Beijing wanbao*, Sept. 13, 1992; and Mar. 15, 1993.

55. You Zi, "Jingcheng zhongshi kuaican re qi lai le!" (Chinesestyle fast food is getting hot in Beijing!) , *Jingji shijie* 6: 60–61 (1994) .

56. See *Beijing wanbao*, Mar. 15, 1993.

57. Personal interview, Sept. 28, 1994.

58. See *Jingji ribao*, Sept. 17, 1994. For a detailed study of the responses of the local restaurant industry to the challenge posed by foreign fast food chains, see Yan Yunxiang,

"Beijing de kuaican re jiqi dui chuantong yinshi wenhua de yingxiang"（The fast food fever and its impact on local dietary culture in Beijing）, in Lin Qinghu, ed., *Di si jie yingsbi xueshu wenhua yantaohui lunwenji*（Proceedings of the 4th symposium on Chinese dietary culture）（Taipei: Foundation of Chinese Dietary Culture, 1996）, pp. 47–63.

59. See R. N. Adams, "The Dynamics of Societal Diversity: Notes from Nicaragua for a Sociology of Survival," *American Ethnologist* 8: 2（1981）. For further discussions of transnationalism and local responses, see Chadwick Alger, "Perceiving, Analysing and Coping with the Local-Global Nexus," *International Social Science Journal* 117: 321–40（1988）; Jonathan Friedman, "Being in the World: Globalization and Localization," *Theory, Culture & Society* 7: 311–28（1990）; and Ulf Hannerz, "Cosmopolitans and Locals in World Culture," *Theory, Culture & Society* 7: 237–51（1990）.

60.See Daniel Miller, "The Young and the Restless in Trinidad: A Case of the Local and the Global in Mass Consumption," in Roger Silverstone and Eric Hirsch, eds., *Consuming Technologies: Media and Information in Domestic Spaces*（London: Routledge, 1992）, pp. 163–82.

第二章　麦当劳在香港

本章的研究资助来自设立于香港中文大学的蒋经国基金会（获得于 1994 年夏天）和美国哈佛大学费正清研究中心的卢斯基金会。我要感谢这些从多种渠道帮助我的朋友们：林舟（Joseph Bosco）、张展鸿、乔健、许倬云、廖迪生、麦高登（Gordon Mathews）、斯特拉·高（Stella Kao）、邓天星（Teng Tim-sing，音译）、伊莱恩·徐（Elaine Tsui）、鲁比·华生与吴燕和。我还要感谢伊利亚·王（Elia Wong）和杰西·曾（Jessy Tsang）帮助我在香港新界进行田野调查。尤其要感谢香港麦当劳总裁伍日照先生和元朗分店的经营者杰弗瑞·魏（Jeffrey Wai），他们都无私地向我提供了大量关于香港饮食和大众文化变迁的观点。

1.K. C. Chang, "Introduction," in K. C. Chang, ed., *Food in Chinese Culture*（New Haven, Conn.: Yale Univ. Press, 1977）, p. 14.

2.这 7 家分店每年的营业额都超过了 200 万。1992 年，香港麦当劳日均为 25 万人服务，占香港人口的 4%。（*Forbes*, Mar. 16, 1992, p. 156）; see also *The Economist*, Dec. 4, 1993. The value of fast food receipts in Hong Kong increased from HK\$55 million in 1987 to HK\$712 million in 1992（*Hong Kong Monthly Digest of Statistics, March, 1994* [Hong Kong Census and Statistics Dept.], p. 95）.

3."McDonald's Reports Strong Global Results," news release, McDonald's Corp., Jan. 23, 1997, http: //www.mcdonalds.com. Census figures for McDonald's in the United States are from *McDonald's Investor Highlights*, McD3–1775, 1993, p. 2. Hong Kong's estimated population was 6,218,000 at the end of March 1996; see Clarinet.WORLD.Asia.Hong-kong (Reuters, Nov. 5, 1996）; by January 1997, the figure had grown to nearly 6,400,000. *The Asian Wall Street Journal*（AWSJ）（Apr. 13, 1995, p. 10）estimated McDonald's 1994 sales in Hong Kong at approximately US$130 million.

4. 这一观点最有影响力的代表是伊曼纽尔·沃勒斯坦（Immanuel Wallerstein）和他的同事们。See Wallerstein's *The Modern World System*（New York: Academic Press, 1974）; and Walter L. Goldfrank, ed., *The World-System of Capitalism: Past and Present* (London: Sage, 1979).

5.Louise do Rosario, "Hong Kong's Café de Coral Fights to Stay on Top," *Far Eastern Economic Review*, July 28, 1994, pp. 69–70.

6.Records and photos on file, Archives Dept., Coca-Cola Company, Atlanta, Georgia.

7. 据 1994 年的一项国际调查显示，香港是世界上工作压力最大的地区。(see *South China Morning Post International Weekly* [SCMPIW], Nov. 20, 1994, p. 3). 香港人每年平均工作时间为 2375 小时（9.7 小时 / 天），仅次于韩国和智利。(SCMPIW, Sept. 18, 1994, p. B2).

8. 从 1990 年到 1994 年，香港居民的食物支出中，外出就餐的费用平均达到了 55.5%。(data from *Consumer Price Index Report, April, 1994* [Hong Kong Census and Statisties Dept.], p. 29). 相比之下，美国的数据大为不同，外出就餐的费用比例只占了 38.3%。(David Smallwood et al., *Food Spending in American House-holds, 1980–1988* [Statistics Bulletin no. 824, Economic Research Service, U.S. Dept, of Agriculture, 1991], pp. 5, 15).

9.See, e.g., John Love, *McDonald's: Behind the Arches* (New York: Bantam Books, 1986), pp. 431–33; and "Daniel Ng: Asian Achievement," *Far Eastern Economic Review*, Jan. 11, 1996, p. 30. In April 1995, Mr. Ng sold his 33 percent stake in the Hong Kong business to McDonald's Corp. (Oak Brook); Don Dempsey was appointed the new Managing Director. Mr. Ng was named Chairman of McDonald's Hong Kong unit (AWSJ, Apr. 13, 1995, p. 10).

10. 来自 1993 年 1 月 14 日作者对伍日照的访谈。

11. 肯德基最早登陆香港的努力是失败的，但在它成功登陆后，就迅速成为香港快餐业的领头羊。肯德基的发展史尚未引起我们足够的关注。

12. 饭和菜的二分法是中国饮食的核心。see Chang, "Introduction," pp. 7–8.

13. 在过去的 10 年里，香港的消费者越来越重视健康，快餐的迅速增长也引发了儿童的肥胖问题。香港儿童的胆固醇含量位居世界第二（仅次于芬兰），他们摄入的卡路里有 30% 来自脂肪——这是 "传统广东饮食" 消费者的两倍。(SCMPIW, Apr. 27, 1996; see also "Life in the Fast Food Lane," *Sunday Hong Kong Standard*, Oct. 15, 1995, special report.)

14.See Love, *McDonald's*, p. 431.

15. 最近发明的新菜是将军汉堡（shogunburger），用两片汉堡夹着浇有红烧酱汁的香肠，这一食物也在日本和台湾地区出售。

16. 来自作者 1994 年 6 月 16 日与伍日照的访谈。麦当劳迅速成为香港人的早餐店，它提供报纸，还能免费续杯。《下一个》（*Next*）是新富阶层中流行的杂志，它把麦当劳视为香港顶级的早餐店。（*Next* 166: 102–4 [May 14, 1993]）。

17. 这一概念是由马克斯·韦伯（Max Weber）提出的，他用这一概念来研究资本主义崛起时个人的作用。see his *The Protestant Ethic and the Spirit of Capitalism*（New York: Scribner's, 1958 [1904–5]）. For interesting ethnographies of the East Asian business world see Rodney Clark, *The Japanese Company*（New Haven, Conn.: Yare Univ. Press, 1979）; Roger Janelli with Dawnhee Yim, *Making Capitalism: The Social and Cultural Construction of a South Korean Conglomerate*（Stanford, Calif: Stanford Univ. Press, 1993）; and Robert H. Silin, *Leadership and Values: The Organization of Large-Scale Taiwanese Enterprises*（Cambridge, Mass.: Harvard Univ. Press, 1976）.

18. 这是我比较了大家乐（Café de Coral）、大快活（Fairwood）、高登快餐（Golden Fastfood）、哈迪快餐（Hardee's）、肯德基、马克西姆餐厅（Maxim's Fast Food）、麦当劳与温蒂（Wendy's）的平均价格后得出的结论。

19.A WSJ, Apr. 13, 1995, p. 10. 香港的巨无霸指数是东京的三分之一。《经济学人》（The Economist）发现，北京的巨无霸指数是全球最低的，香港次低，波兰再次之。（1997 年 4 月 2 日，第 75 页）

20.*Fourth Quarter Report*, McDonald's Corp., 1990. 2 年后，当北京麦当劳开业后，这一纪录被打破了（见第一章）。

21. 来自作者 1993 年 1 月 14 日与伍日照的访谈。

22. 麦当劳连续 3 年（1991—1993）获得了香港市政局颁发的餐厅卫生奖。

23. 公司坚持着厕所的清洁保卫战，但是汹涌的人流使这成为不可能的任务。麦当劳只能把"最干净厕所"的桂冠让给了另一个更奢华的饭店，但这个饭店并没有麦当劳那么多的顾客，也不允许顾客以外的人使用厕所。

24.Sample of 527 customers（306 women）in the outlet at Yuen Long, Hong Kong New Territories, Castle Peak Road; surveyed June 8 and 12, 1994.

25. 很多人批评香港麦当劳服务缺少"友善"，这种抱怨最集中地体现在当地菲佣女身上，她们常常在周日聚集在市中心，光顾附近的快餐厅。（see *South China Morning Post* [SCMP], letters to editor, Oct. 26 and Nov. 2, 1992）. 麦当劳经理已经认识到了这一点，并致力于改进。（see SCMP, letter to editor, Nov. 5, 1992）. 相反，中国消费者在光顾麦当劳时，似乎并不在意服务员是否笑脸相迎。

26.E. Christine Jackson, "Ethnography of an Urban Burger King Franchise," *Journal of American Culture* 2（3）: 534–39（1979）, p. 537.

27. 这一餐厅的平均用餐时间是 25.9 分钟（从端着食物坐下到吃完离开，统计时间是 1994 年 6 月 8 日，星期三，11:30AM-2:30PM、3:30PM-5:00PM；1994 年 6 月 12 日 11:00 AM—3:00PM）。

28. 这一变动可能是由九龙巴士公司引发的。20 世纪 70 年代早期，它引进了隔离护栏，促成了乘客的排队。此后，排队在巴士车站和出租车上车被人们普遍接受了。It was only later, however, that queuing became an accepted practice at bus stops and taxi stands throughout Hong Kong.

29. 在元朗的一项调查显示，大部分消费者（75.7%）是 3 人以上同来的。在其他店的调查者也发现，除了市中心（维多利亚区、尖沙咀）的餐厅以外，三五成群地占座在香港麦当劳非常常见。

30. 必胜客等比萨餐厅不允许等座。这一原因尚没有确切的解释，但这一现象显然和香港人对快餐＝廉价的看法有关，和麦当劳与大家乐相比，必胜客显然更贵。

31. 在繁忙的周末，一些餐厅会分配一个员工站在餐厅中央，给拿到食物的消费者分发纸巾。1994 年 6 月的一个周日，我观察到一个男青年用双手分送纸巾，动作快速而干练；2 小时后，新的员工来替换他。柜台里的员工轮流出来，延续了一整天。

32.1967 香港曾发生骚乱，在香港人中引发了大范围的担忧，怕内地政府会在 70 年代收回香港。for a discussion of this period in Hong Kong's history, see James L. Watson, "Living Ghosts: Long-Haired Destitutes in Colonial Hong Kong," in Barbara Miller, ed., *Hair in Asian Cultures*（Albany: State Univ. of New York Press, in press）.

33.中国农民现在已经能种植符合麦当劳要求的长形土豆，但在 20 世纪 90 年代早期，爱达荷产的土豆比内地产的要便宜。美国对香港的出口总额达到了 48 亿美元，是美国在亚洲的第五大市场。(*Asian Business*, Dec. 1991, p. 26). 如今，香港麦当劳对中国内地原材料的依赖程度正以惊人的速度发展着。

34. 最大程度上使用当地的原材料是麦当劳的一项重要规定。see Love, *McDonald's*, pp. 442-45.

35.*Oppose McDonald's*, 1st ed.（student newspaper）, Chinese Univ. of Hong Kong Student Union, Oct. 15, 1993.

36. "We Treasure Rain Forests Too," Chinese-language leaflet, McDonald's Corp., Hong Kong, 1993.

37.McDonald's has been the target of regular demonstrations, often violent, in Mexico City; see "Protesters in Mexico City Ransack a McDonald's," *New York Times*（NYT）, Nov. 9, 1994. For French reactions see Rick Fantasia, "Fast Food in France," *Theory and Society* 24: 201-43（1995）; and for protests in England see "Burger Protesters Take Their Beef to Ronald," *Independent*, June 6, 1995, pp. 1-2.

38.Hong Kong Earth Summit（Green Power）, June 26, 1994, at Hong Kong University of Science and Technology; "Let's Get Growing" workshops, co-organized with the Hong

Kong Council of Early Child Education and Services; sponsorship of "Green Sunday" and "Clean and Green" youth participation projects.

39. 截至 1995 年底，已经有 168 家"麦当劳叔叔"儿童医院，分布在 12 个国家和地区（*1995 Annual Report*, McDonald's Corp., McD6-3030, p. 13）。香港的儿童医院位于新界沙田，并与一家大学附属医院的儿科合作。这个慈善机构的建设背后还有故事。新界历来是港英政府和当地村民争执的焦点，村民们的祖先在几世纪以前就在沙田扎根下来了。实际上，"麦当劳叔叔"儿童医院成为村民的筹码，人们借此和政府展开对新界发展权的争夺。

40. "McDonald's Earth Effort," McDonald's Corp., Hong Kong; leaflet collected in May, 1994.

41. 1995 年 5 月，香港地球之友分会批评，比起美国、澳大利亚的同行，香港麦当劳使用了太多的泡沫聚乙烯类容器，这一抗议被当地报纸大幅报道。(see, e.g., SCMP, May 15, 1995).

42. 1995 年，香港学生每月平均可以从父母那里拿到 846 港币（107 美元）的零花钱。(SCMPIW, Dec. 2, 1995).

43. 主要发生在那些新界元朗的宗族村内。See James L. Watson, *Emigration and the Chinese Lineage*（Berkeley: Univ. of California Press, 1975），and Rubie S. Watson, *Inequality Among Brothers: Class and Kinship in South China*（Cambridge, Eng.: Cambridge Univ. Press, 1985）.

44. 梅丽莎·卡德威尔发现莫斯科麦当劳的顾客也有相同的现象。see Introduction, n. 80.

45. 来自与玛利亚·谭（Maria Tam）博士的访谈。

46. 最近，麦当劳的一个电视广告却起到了事与愿违的效果："父母们对广告中的这个场景非常愤慨：一个牙牙学语的孩子为了去麦当劳而对母亲撒谎，谎称父亲要吃麦当劳，同时又对父亲撒谎说母亲要吃麦当劳。香港广播电视事务管理局没有批准这一广告，认为它是'不可接受'的。"SCMPIW, Jan. 20, 1996, p. 2.

47. 香港麦当劳曾组织专人调查麦当劳叔叔扮演了什么样的角色。最常见的回答是："年轻、有活力、慷慨和有责任心。"（作者 1993 年 1 月 14 日对伍日照的访谈）。作者于 1994 年 6 月展开的独立调查也证实了这一点。

48. See, e.g., Pierre Bourdieu, *Distinction: A Social Critique of the Judgement of Taste*（Cambridge, Mass.: Harvard Univ. Press, 1984）.

49. Personal communication, Marie Wong, drawing on her field research in Tuen Mun. M.A. thesis in Anthropology, Chinese Univ. of Hong Kong, 1995.

50. Elisabeth Tacey, "TVB Gets Go Ahead for Satellite Broadcasts," SCMPIW, Oct. 23, 1994, p. 1.

51. Ruth Mathewson, "Induction Plan Under Way," SCMP, June 14, 1995.

52. SCMPIW, Mar. 12, 1995, p. 1.

第三章　麦当劳在台北

1. 本章的田野作业从 1993 年的冬天持续到 1995 年的春天，这段时间我正在台北访问。我的妻子吴王维兰（Wei-lan W. Wu）参与了素材的搜集（包括观察与访谈），所以，本章中的一手材料都是合作的产物。

2. 一个显著的例子就是李登辉，他精通日语，闽南话也比普通话说得更好。他的普通话有很重的口音，语法也极不规范。所以当他在电视上用普通话讲演时，电台不得不打上中文字幕以帮助大众理解。

3. Kwang-chow Li, *Kengting National Park Prehistoric Culture*（Taipei: Commission for Cultural Development. Executive Yuan, 1987），p. 29.

4. Ching Yueh, "Consumption of Betel Nuts Climbs to an All-Time High" *Free China Review*, Jan. 6. 1996.

5. Ibid.

6. 来自作者 1994 年 6 月对台湾麦当劳董事长比尔·罗斯（Bill Rose）的访谈。下文关于台北麦当劳经营的信息均来自这一访谈。我非常感谢罗斯先生向我介绍麦当劳在台湾的发展史。不过，我还是要强调，无论是他还是别的访谈人，都无须对本章内容的重构和意义阐释负责。

7. News release, McDonald's Corp., July 18, 1996, http: //www. mcdonalds.com.

8. *Kongshang Shibao*（KS）, Oct. 27, 1994, p. 33, has three short articles about McDonald's in Taiwan by Chen Chun-lin.

9. Fei Jia-qi, "Mai-Dang-Lau: zai tai zhide yiman"（McDonald's is so content in Taiwan）, KS, July 13, 1994.

10. Fei Jia-qi, "Tai-wan Mai-Dang-Lau jiang chiao shequ tuo dian"（McDonald's will colonize communities）, KS, July 13, 1994.

11. Julian Baum, "Extortion in Taiwan," *Far Eastern Economic Review*, May 14, 1992, p. 61.

12. Conrad P. Kottak, "Rituals at McDonald's," *Journal of American Culture* 1（2）: 370–86（1978）.

13. See Eugene Anderson, *The Food of China*（New Haven, Conn., Yale Univ. Press, 1988）for a cultural conception of the essential two parts of a Chinese"meal"—*fan* and *cai*（rice and vegetable or meat dishes）.

14. 1994 年 6—7 月，在台北，一顿麦香鸡或麦香鱼套餐（包含可乐和薯条）的售价要比马萨诸塞州的剑桥、香港市中心的售价都要贵。一个普通汉堡的售价是 0.896 美元，一个巨无霸汉堡价值 2.31 美元，而一个奶酪汉堡则要卖 1.19 美元。

15. Huang Yen-lin, "Jingguan hanbao zhengduozhan"（Quietly observe the hamburger wars）, *Zhongyang ribao*（Central Daily News）, May 12, 1989, p. 4.

16. Ibid.

17. Joseph Bosco, "The Emergence of a Taiwanese Popular Culture," *American Journal of Chinese Studies* 1（1）：51–64（1993）.

第四章　麦当劳在首尔

本章曾在哈佛大学人类学系的讨论会和美国第94届人类学年会（召开于亚特兰大，乔治亚州）上发表过。以下朋友从不同程度上对原稿作出了有益的评论：霍伊特·阿尔弗森（Hoyt Alverson）、赵英青（Cho Im-chin，音译）、迈克尔·赫茨菲尔德（Michael Herzfeld）、金光亿 (Kim Kwang-ok)、金容弼（Kim Yong-pil，音译）、李英哲（Lee Eung-chu，音译）、李梦龙（Lee Mun-woong，音译）、悉尼·明茨、詹姆斯·华生与鲁比·华生。此外，我还要深深地感谢来自美国亚洲学会东北亚分会的研究资助和达特茅斯学院（Dartmouth College）人类学系提供的古德曼基金（Goodman Foundation）。

1. *World Tables*（Baltimore: Johns Hopkins Univ. Press, 1995），published for World Bank.

2. *Chosun Daily*, Dec. 5, 1992.

3. 关于麦当劳消费者更多的细节将在下文中展示。

4. Arjun Appadurai, "Introduction: Commodities and the Politics of Value," in Appadurai, ed., *The Social Life of Things: Commodities in Cultural Perspective*（New York: Cambridge Univ. Press, 1986），pp. 3–63.

5. Emiko Ohnuki-Tierney, *Rice as Self: Japanese Identities Through Time*（Princeton, N.J.: Princeton Univ. Press, 1993）.

6. Appadurai, "Introduction."

7. Interview, July 1994.

8. *Dong-A Daily*（DD），Feb. 15, 1986.

9. *Han'guk Daily*, Oct. 19, 1992.

10. Interview, July 1994.　　　　　　　11. DD, Feb. 15, 1986.

12. DD, Mar. 14, 1992.　　　　　　　　13. DD, May 22, 1992.

14. Interview, July 30,1994.　　　　　　15. Ibid.

16. *Han'gyŏre News*, June 26, 1993.

17. *Kugmin Daily*, Mar. 31, 1992.

18. *Business Korea,* Aug. 1991, Seoul, Korea.

19. "Re-organizing the Fast Food Industry," *Food Industry*（June 1990），pp. 42–53.

20. DD, Mar. 13, 1991.　　　　　　　　21. Interview, July 30, 1994.

22. Ibid.　　　　　　　　　　　　　　23. Ibid.

24. *Han'guk Daily*, May 13, 1990; *Chosun Daily*, Apr. 24, 1993; *Han'guk Daily*, Apr. 12, 1994.

25. 在助手的辅助下，作者选取首尔的两家麦当劳，对消费者的数目与点餐的情况作了细致的调查。但此处关于顾客性别比例的信息来自作者对韩国麦当劳总部市场经理的访谈。

26.E. Christine Jackson, "Ethnography of an Urban Burger King Franchise," *Journal of American Culture* 2（3）：534–39（1979），p. 537.

27.*Kyŏnghyang News*, Feb. 17, 1994.

28.DD, Jan. 10, 1986.

29.*Segye Daily*, June 28, 1992.

30.DD, June 23, 1992.

31.*Kyŏnghyang News*, Aug. 15, 1992.

32.DD, Feb. 15, 1986, and Mar. 14, 1992.

33. 设立这一法律的目的是为了"减少经济权力的过度集中，防止国内大企业、多国集团和垄断进口商滥用权力引发的不平等竞争"。in "Economy," *A Handbook of Korea*（Seoul: Korean Overseas Information Service, 1993）.

34.*Kugmin Daily*, July 22, 1993; *Segye Daily*, July 23, 1993.

35.*Han'gyŏre News*, Feb. 6, 1994.

36.Korean Broadcasting System 1（KBS），Feb. 24, 1992.

37.KBS, Feb. 25, 1992.

38.KBS, Feb. 28, 1992.

39.*Seoul News*, May 21, 1993.

40. "Agriculture, Forestry, and Fishery," in *A Handbook of Korea*, pp. 410–17.

41.*Wall Street Journal*, Sept. 20, 1989, pp. A1, A16.

42.Sidney W. Mintz, *Sweetness and Power: The Place of Sugar in Modern History*（New York: Penguin Books, 1985）.

43.Mary Douglas, "Deciphering a Meal," in Clifford Geertz, ed., *Myth, Symbol, and Ritual*（New York: Norton, 1971）.

第五章　麦当劳在日本

1. 在这里，我只是在非技术层面上使用詹明信（Fredic Jameson）提出的这一概念，并不包括他赋予这一概念的其他附属意义。Jameson, *Postmodernism; or, The Cultural Logic of Late Capitalism*（Durham, N.C.: Duke Univ. Press）.

2.Marc Frons, "Den Fujita: Bringing Big Macs—and now Broadway—to Japan," *Business Week*, Sept. 1986, p. 53.

3. *Business Asia* 25（21）：6–7（Oct. 1993）.

4. Frons, "Den Fujita," p. 53.

5. Nagami Kishi,"Two Decades of Golden Arches in Japan,"*Tokyo Business Today* 60(4)：

38–40（1992），p. 39.

6. Atsuo Tanaka, "Taiku auto to ieba hazusenai fāsūtohdo chein rupo"（The "must" list for takeouts: report on fast food chains），*Hanako West* 46: 45–47（July 1994），p. 46.

7. Initially at Ginza 4-chōme, Mitsukoshimae, it has now moved near the Ginza 8-chōme, close to the subway station.

8. See *Business Asia*, 1993.

9. *Asahi,* Oct. 26, 1993.

10. Ibid.

11. Paul Noguchi, "Savor Slowly: *Ekiben*—The Fast Food of High-Speed Japan," *Ethnology* 33（4）：317–40（1994），p. 319.

12. Quoted in Kishi, "Two Decades of Golden Arches in Japan," p. 40.

13. *Jiyū Jikan,* "Shūkan to shite no hanbāgā to manpukukan no gyūdon"（Hamburgers as a habit and *gyūdon* [a large bowl of rice with beef and sauce on top] for a full stomach），*Jiyū Jikan*, May 5, 1994, pp. 32–33.

14. Hisao Nagayama and Akihiko Tokue, "Udon," , *Look Japan*（1994）：25.

15. Naomichi Ishige, *Shokutaku no bunkashi*（Cultural history of the dining table）（Tokyo: Bungei Shunjū, 1976），p. 223.

16. Saiichi Maruya, *Chūshingura towa nanika*（What is *chūshingura*？）（Tokyo: Kōdansha, 1984），p. 16.

17. Ishige, *Shokutaku no bunkashi*, pp. 223–24.

18. Emiko Ohnuki-Tierney, "The Ambivalent Self of the Contemporary Japanese," *Cultural Anthropology* 5: 196–215（1990）.

19. See ibid. for an interpretation of the film *Tampopo*, in which *rāmen* are the fecal point.

20. 这些餐厅都不在东京市中心，但是仍紧靠市区。比如，它在惠比寿和板桥地区都有分店。

21. 一些人仍然吃荤肉，不过他们往往要把肉食改成花朵的名字。比如用樱花指代马肉，用牡丹指代野猪肉。原田伸雄(Nobuo Harada)的研究显示，日本人吃肉比人们设想的要多。Nobuo Harada, *Rekishi no naka no kome to niku: shokumotsu to tennō sabetsu*（Rice and meat in history: food, emperor, and discrimination）（Tokyo: Heibonsha, 1993）.

22. See Ohnuki-Tierney, *Rice as Self: Japanese Identities through Time*（Princeton, N.J.: Princeton Univ. Press, 1993）.

23. Tsuneharu Tsukuba, *Beishoku, nikushoku no bunmei*（Civilizations of rice consumption and meat consumption）（Tokyo: Nihon Hōsō Shuppankai, 1986 [1969]），pp. 109–12.

24. Ibid., p. 113. 一些学者认为筑波常治（Tsuneharu Tsukuba）等学者的研究带有浓厚的"日本人论"的印记，这种半学术、半纪实的文体常常和爱国主义纠结在一起。在这里，我仅仅把这些研究当作民族志资料来使用。

25. *Nihon kokugo daijiten*（Dictionary of the Japanese language），5, p. 381.

26. Tsukuba, *Beishoku*, pp. 102–9. For details of this section, see Ohnuki-Tierney, *Rice as Self*.

27. 日本《朝日新闻》的记者，一个将近 50 岁的男子告诉我，在纽约旅游时，他更倾向于麦当劳，而他的孩子则选择摩斯汉堡。

28. For details of how the Japanese use bread, see Naomichi Ishige, *Shokuji no bunmeiron*（Eating and culture）（Tokyo: Chūokōronsha, 1982），pp. 22–23.

29. Ronald P. Dore, *City Life in Japan*（Berkeley: Univ. of California Press, 1958），p. 60; for details see Ohnuki-Tierney, *Rice as Self*, p. 41.

30. For details see Ohnuki-Tierney, *Rice as Self*, pp. 20–22.

31. Kishi, "Two Decades of Golden Arches in Japan." p. 40.

32. For details see Ohnuki-Tierney, *Rice as Self*, pp. 94–96.

33. 在如今的日本，很多未婚的职场女性仍然和父母住在一起，这一习惯减少了她们外出吃早餐的必要性。这些职场女性常住在公司附近，一些公司不提供早餐，一些公司提供的是日式早餐。不过，几十年来，很多都市家庭已经习惯了以吐司、鸡蛋、沙拉（通常是用卷心菜丝做的）、咖啡与茶作为早餐。那些习惯了"西式"早餐的人乐意去麦当劳或其他咖啡餐厅寻找早餐的替代品。麦当劳早餐的花费常常少于 1000 日元，包含了土豆沙拉、热狗、汉堡和其他在西方人看来不是早餐的菜色。

34. 来自与今田博的访谈，他是东京工业大学的社会学教授。

35. 这一现象得益于人们对工作的价值观的变化。一些工作，如餐厅侍应曾被认为是低等人干的活，中产阶级从来不去从事（甚至是暂时的）。如今，原有的阶级结构有了很大的变化，很多中产阶级和上流社会的妇女也进入了劳动市场。

36. Marian Burros, "Eating Well," *New York Times*, Apr. 13, 1994.

37. Rosemary Safranek, "The McDonald's Recipe for Japan," *Intersect* 2（10）: 7（Oct. 1986）.

38. 很多同事和朋友告诉我，在年终互赠礼物时，一些公司和个人选择这家商场采购礼物。久而久之，人们在赠送礼物时，也就不再亲自去赠送，而是由商场代为寄送。

39. Frons, "Den Fujita," p. 53.

40. 这类杂志刊登消费者们的投稿，在麦当劳与摩斯汉堡餐厅中流通。

41. 我母亲的家庭从事从横滨进口法国食品的生意。我父亲在商业出口部门工作，我母亲和很多外国人一直保持着联系。尽管如此，当我到了美国后，我母亲还是不断写信要我别和蓝眼睛的白种人恋爱。

42. Hikaru Saitō, "Nyan-bāgā densetsu no nazo"（The puzzle of the catburger lore），*Hanako West* 46: 47（July 1994）.

43. Kumakura Isao, Professor at the National Museum of Ethnology in Japan and

Kindaichi Hideho, Professor at Kyōrin Univ.; both personal communications, May 1994.

44.Saitō, "Nyan-bāgā."

45.Hiroshi Shimogaito, *Zoku okome to bunka* (Rice and culture, cont.) (Osaka: Zen-Ōsaka Shōhisha Dantai Renrakukai, 1988), pp. 76–78; *Asahi*, Oct. 30, 1993; Nov. 12, 1993.

46.*Asahi*, Nov. 11, 12, 17–19, 1993. For more detailed treatment of this subject, see Ohnuki-Tierney, *Rice as Self*, and "Structure, Event and Historical Metaphor: Rice and Identities in Japanese History," *Journal of the Royal Anthropological Institute* 30 (2): 1–27 (June 1995).

47.Inoue, "Kome no hanashi," p. 103; and Okabe Saburo. Saburo is Director of the Science and Technology Division of the Liberal Democratic Party and a member of the House of Councilors. Published in the Record of Sangiin Gaimu Iinkai Kaigiroku, No. 5 (during the 118th session of the Diet), p. 7.

48.Quoted in Norbert Elias, *The Civilizing Process* (Oxford: Blackwell, 1994 [1939]), p. 106.

49.Tadashi Inoue and Naomichi Ishige, eds., *Shokuji sahō no shisō* (Concepts behind eating manners) (Tokyo: Domesu Shuppan, 1990), p. 97.

50.Emiko Ohnuki-Tierney, *Illness and Culture in Contemporary Japan: An Anthropological View* (Cambridge, Eng.: Cambridge Univ. Press, 1984), pp. 28–31.

51.人们在奈良时代（646-794）之前的皇宫遗址中就发现了筷子，但在附近的城镇遗迹中却并没有找到。(Sahara's remarks in Inoue and Ishige, eds., *Shokuji*, p. 79).

52.Robert Hertz, *Death and the Right Hand* (Glencoe, Ill.: Free Press, 1960 [1907 & 1909 in French]).

53.Conrad Kottak, "Rituals at McDonald's," *Journal of American Culture* 1 (2): 370–86 (1978), p. 374.

54.Isao Kumakura, "Zen-kindai no shokuji sahō to ishiki "(Table manners and their concepts before the modern period), in Inoue and Ishige, eds., *Shokuji*, p. 108.

55.*Nihon kokugo daijiten* 13, p. 67.

56.Motoko Murakami, "Gendaijin no shokuji manā-kan" (Thoughts on contemporary eating manners), in Inoue and Ishige, eds. *Shokuji*, p. 133.

57.说到日本的传统礼节，人们时常会联想到小笠原流（Ogasawara-ryu, Ogasawara School），这是早期室町时代（Muromachi period, 1392-1603）小笠原家族的繁文缛节。(*Nihon kokugo daijiten* 3, p. 311); Murakami, "Gendaijin."

58.Daniel Miller, "The Young and the Restless in Trinidad: A Case of the Local and the Global in Mass Consumption," in Roger Silverstone and Eric Hirsch, eds., *Consuming Technologies: Media and Information in Domestic Spaces* (London: Routledge, 1992), pp. 163–82 (see especially pp. 179–80).

59.Rosemary Safranek, "The McDonald's Recipe for Japan," p. 7.

附录

1. Joseph Kahn, "China Hopes Economy Plan Will Bridge Income Gap," *New York Times* (NYT), Oct. 12, 2005, p. A5.

2. "McDonald's Plans," *Wall Street Journal.com* (WSJ.Com), May 18, 2000.

3. See, e.g., Jagdish Bhagwati, *In Defense of Globalization*. New York: Oxford University Press, 2004.

4. Joseph E. Stiglirz, *Globalization and Its Discontents*. New York: Norton, 2003.

5. See Introduction to this book.

6. Saritha Rai, "An Outsourcing Giant Fights Back," NYT, Mar. 21, 2004, p. BU1. Benedict Arnold was a patriot turned traitor during the American Revolution.

7. Steve Lohr, "Many New Causes for Old Problem of Jobs Lost Abroad," NYT, Feb. 15, 2004, p. 25.

8. Lynnley Browning, "Outsourcing Abroad Applies to Tax Returns," NYT, Feb. 15, 2004, p. BU12.

9. Saritha Rai, "Financial Firms Hasten Their Move to Out- sourcing," NYT, Aug. 18, 2004, p. W1.

10. References can be found in a web search for "McDonald's protest" or "McDonald's bombing." See also David Barboza, "When Golden Arches Are Too Red, White, and Blue," NYT, Oct. 14, 2001, pp. BU1, BU11.

11. Tim Weiner, "McTaco vs. Fried Crickets: A Duel in the Oaxaca Sun," NYT, Aug. 24, 2002, p. A2.

12. Suzanne Daley, "French See a Hero in War on 'McDomination'," NYT, Oct. 12, 1999, pp. Al, A4.

13. Dirk Beveridge, "Expensive Beef for McDonald's: Chain Wins Libel Suit, Loses British PR War," *Boston Globe*, June 20, 1997, p. A16. See also John Videl, *McLibel: Burger Culture on Trial*. New York: Free Press, 1998.

14. See, e.g., "World Anti-McDonald's Day Protest Begins," *AAP. com* (Australia), Oct. 16, 1999.

15. Patricia Ochs, "Trade Fight Has Flavor of France," *Boston Globe*, Sept. 7, 1999, p. A2.

16. Jay Solomon, "Amid Anti-American Protests, Mr. Bambang Invokes Allah to Sell Big Macs in Indonesia," WSJ.Com, Oct. 26, 2001.

17. 在欧洲，政府有时候还强化了这样的看法。在庆祝德国第1000家麦当劳开业时，柏林市长爱博哈德·迪普根 (Eberhard Diepgen) 当场就让美国驻德大使约翰·科恩布卢姆 (John Kornblum) 下不来台。"啊，我看到美国大使在这里，"市长说，"也许他可以……（在勃兰登堡）把美国大使馆拆了，改建一个麦当劳。"这话体现了美德关系紧张时刻的外交摩擦。see Leon Mangasarian, "Hamburgers or Penstripes? U.S. Embassy Row in Berlin Roils Ties," *Deutsche Press-Agentur*, 3 Nov. 1999, on Lexus-Nexus.com.

18.On food and national identity, see Part 1, "Food and Globalization," of *The Cultural Politics of Food and Eating*, ed. by James L. Watson and Melissa Caldwell. Oxford: Basil Blackwell, 2005. See also Alison Leitch, "Slow Food and the Politics of Pork Fat: Italian Identity," *Ethnos* 68（4）: 437–462, and Gordon Mathews, "Cultural Identity and Consumption in Post-Colonial Hong Kong," in *Consuming Hong Kong*, ed. by Gordon Mathews and Tai-lok Lui. Hong Kong: Hong Kong University Press（1999）.

19.Leitch, Mathews, "Slow Food and Pork Fat"; Alexander Stille, "Slow Food," *Nation.com*, Aug. 20, 2001; Rebecca Tuhus-Dubrow, "Talking About Slow Food," *Nation.com*, June 1, 2004.

20."Burgers and Fries à la francaise," *Economist*, Apr. 17, 2004, p. 60; on French resistance to McDonald's, see Rick Fantasia, "Fast Food in France," *Theory and Society* 24: 201–43（1995）.

21.这一情况在美国同样存在，自 1997 年这本书出版以来，从我谈起它时大众的反应就可以看出美国知识分子也很难对麦当劳保持积极的看法。see James L. Watson, "Interview on *Golden Arches East*," with Lucien Errington, *Education About Asia* 8（1）: 7–9（2003）. The work of Pierre Bourdieu is particularly relevant to understanding social class and responses to food（see his *Distinction: A Social Critique of the Judgment of Taste*, Cambridge, Mass.: Harvard University Press, 1984.）For an American take on McDonald's and class, see Katherine Newman, *No Shame in My Game: The Working Poor in the Inner City*. New York: Vintage, 1999.

22."为了盈利，他们不惜玩弄我们的宗教信仰……我们要关闭国内所有的麦当劳。"一个湿婆神军党（Shiv Sena）的发言人说。WSJ.Com, May 4, 2001. 尽管如此，麦当劳仍在印度保持了扩张的态势，到 2003 年已经有了 47 家分店，还计划要再开 50 家。see *BBC News.com*, Apr. 7, 2003.

23.Deborah Cohen, "McDonald's Posts First-Ever Quarterly Loss," *Reuters.com*, Jan. 23, 2003. 一个愤怒的玻利维亚人说："我觉得玻利维亚永远不会全面走向全球化。永远不会成为美国那样的资本主义国家。"另一个人说："我和麦当劳共同成长，我在麦当劳庆祝生日，我甚至想在这里工作，我感到很失望，很伤心。"See "McDonald's Leaves Bolivia for Good," *CNN.com*, Dec. 1, 2002.

24. McDonald's Corporation, *Annual Report*, 2002; "McDonald's Plans to Close 13 Restaurants in Denmark," *Associated Press.com*, Dec. 2, 2002.

25. Mariko Sanchanta, "McDonald's Japan Makes First Yearly Loss," *Financial Times.com*, Feb. 14, 2003.

26. Colleen DeBaise, "Don't Blame McDonald's For Supersized Kids—Judge," WSJ.

Com, Jan. 22, 2003; see also, Shirley Leung, "Obesity Suit Against McDonald's Is Dismissed by Federal Judge," WSJ, Sept. 3, 2003, p. B4.

27. Kate Zernike, "Lawyers Shift Focus from Big Tobacco to Big Food," NYT, Apr. 9, 2004, p. A15.

28. Betsy McKay, "Group Asks FDA [Food and Drug Administration] to Put Tobacco-Like Warning on Sodas, Fruit Drinks," WSJ.Com, July 13, 2005.

29. On Korea, see Seo Jee-yeon, "Anti-Fast Food Drive Raging," *Korea Times.com*, June 10, 2004; on Hong Kong's emerging anti-obesity movement, see "Hong Kong Mulls Kids' Lunch Law to Fend Off Obesity," *Agence France Presse English.com*, May 15, 2005. European sources include Elisabeth Rosenthal, "Even the French Are Fighting Obesity," *International Herald Tribune.com*, May 4, 2005; Andrew Borowiec, "France Says 'non' to Child Obesity," *Washington Times.com*, Aug. 24, 2004; John Hooper, "Italy's Fasting Solution," *Guardian Unlimited.com*, Sept. 4, 2003; "NHS [British National Health Service] to Receive £3 Million for Training to Tackle Obesity," *Medical News Today.com*, Dec. 31, 2004.

30. http: //www.consumerfreedom.com/advertisements_detail. cfm/ad/29.

31. Carl Hulse, "Vote in House Bars Some Suits Citing Obesity," NYT, Mar. 11, 2004, pp. Al, A21.

32. James Tillotson, "No Wonder We're Getting So Fat," *Boston Globe*, Sept. 17, 2004, editorial, p. A23.

33. David Barboza, "Rampant Obesity a Debilitating Reality for the Urban Poor," NYT, Dec. 26, 2000, p. D5; see also, David Barboza, "Barrage of Food Ads Takes Aim at Children," NYT, Aug. 3, 2003, pp. BU1, BU11.

34. 一个医学学者发现: "三分之一的香港人肥胖, 一半香港人超重。" Fats of Life Revealed by New Index on Obesity," *South China Morning Post* (Hong Kong) , Feb. 18, 2000, p. 3.

35. Bruce Horovitz, "Restaurant Sales Climb with Bad-For-You Food," *USA Today*, May 13, 2005, p. 1A. The Monster Thickburger contains two ground-beef patties, bacon, and cheese. It weights two-thirds of a pound and is 2 $\frac{1}{2}$ inches thick.

36. On the social significance of fast food restaurants as substitute homes, see Katherine Newman, *No Shame in My Game* (op. cit.) . 在美国一些内陆城市, 麦当劳甚至是唯一提供热餐的地方。

37. Jack Greenberg, former CEO of McDonald's, voiced similar views in a 2001 interview: "This kind of criticism [by anti-McDonald's activists] is the price of our success. There is no other retailer, no other service business that touches so many people every day in such a personal way." See "McAtlas Shrugged: FP Interview," *Foreign Policy*, May/June

2001, pp. 26–37.

38. 1991 年，美国麦当劳开始出售瘦肉汉堡，它只含 9 克脂肪，包含 310 卡路里。但它从没在麦当劳的核心顾客中获得青睐。1996 年，公司不得不取消了这一食物。See, Cliff Edwards, "McDonald's Drops McLean Burger," As-sociated Press.com, Feb. 5, 1996.

39.Steven Gray, "McDonald's Profit Jumps 42%," WSJ, Apr. 22, 2005; on the salad venture, see "Newman's Own and McDonald's Announce Exclusive Alliance," McDonald's Corporation, *PR Newswire*, Yahoo.com, Mar. 10, 2003.

40. "Super Size Me," a 2004 independent film directed and written by Morgan Spurlock.

41.Marian Burros, "McDonald's Takes Steps On Its Antibiotic Promise," NYT, Jan. 12, 2005, p. D2.

42.See, e.g., the full-page ad in the NYT, Sept. 24, 2004, p. A19, "A Broken McPromise."

43.Charlotte Ikels, ed., *Filial Piety: Practice and Discourse in Contemporary East Asia*. Stanford: Stanford University Press, 2004.

44.Michael Barr, "Lee Kuan Yew and the 'Asian Values' Debate," *Asian Studies Review* 24（3）：317–28; see also, "Confucius and Confusion," special issue, *Far Eastern Economic Review*, Feb. 9, 1989.

45.See, e.g., Yunxiang Yan, "The Triumph of Conjugality: Structural Transformation of Family Relations in a Chinese Village," *Ethnology* 36（3）：191–212（1997）.

46.On China, see *Far Eastern Economic Review*, Dec. 10, 1998, citing World Bank figures; on Japan, see Gerard Anderson and Peter Hussey, "Population Aging: A Comparison Among Industrial Countries," *Health Affairs*, May/June 2000, pp. 191–203; on Korea, see U.S. Bureau of Census International Database, 2000.

47. 全球老龄化组织(Global Aging Initiative，位于华盛顿)的负责人注意到："中国的独特之处在于它会在成为发达国家之前就步入老年社会。"WSJ.Com, Aug. 23, 2005. 到 2040 年，中国 60 岁以上的人口比例将会超过美国，因为美国的生育率（每个妇女平均养育 2 个孩子）比中国要高（每个妇女平均养育 1.6 个孩子），see data in Fritz article, "U.S. Birth Rates."

48.Vanessa L. Fong, *Only Hope: Coming of Age Under China's One-Child Policy*. Stanford: Stanford University Press, 2004; and Jun Jing, ed., *Feeding China's Little Emperors: Food, Children, and Social Change*. Stanford: Stanford University Press, 2000. See also Susan Greenhalgh, "The Peasantization of the One-child Policy in Shaanxi." In Deborah Davis and Stevan Harrell, eds., *Chinese Families in the Post-Mao Era*. Berkeley: University of California Press, 1993.

49. 这一现象也出现在美国中东部和南部，在那里，退休后的人们在麦当劳吃早、午餐，同时把餐厅作为聚会的地方。在伊利诺伊州的乡村地区与爱荷华的麦当劳，70 岁以上的顾客比儿童还要多。原因很简单：麦当劳卫生、有空调、安静，价格也相对低廉。此外，由于美国乡村的餐厅和咖啡馆越来越少（主要是因为老一辈的经营者退休，餐厅后继乏人），快餐厅往往成为当地唯一的饭馆。

50. 儿童的"快乐套餐"最早产生于 1976 年，近来，这类套餐的销量有所下降。而成年人对麦当劳食品（比如沙拉和鸡肉三明治）的需求则有所增长；see Shirley Leung and Suzanne Vranica, "Happy Meals Are No Longer Bringing Smiles to McDonald's," WSJ, Jan. 31, 2003, pp. Bl, B4.

索引

译后记

　　《金拱向东：麦当劳在东亚》是美国人类学界的一本经典之作。它在全球化和本土化双向互动中，探讨了麦当劳在东亚的生存和发展，为我们考察全球化时代文化的传播和适应提供了宝贵的理论和视角。该书在美国出版后，中国学界陆续引介了其中的一些篇章，但一直未有全面的翻译，不能不说是一件憾事。

　　在撰写本科毕业论文时，导师杨利慧教授便建议我阅读此书，让当时愚顽懵懂的我获益匪浅，由此开始了对现代社会中的民间文化的关注。博士毕业后，我有幸进入中国社会科学院文学研究所博士后流动站工作，在一次聊天中，和当

时还在浙江大学出版社启真馆分社工作的同学曹雪萍说起此
书，并极力推荐，承蒙启真馆领导的慧眼识珠，才促成了它
的翻译和出版。在翻译过程中，我再次领略了本书作者们的
独到眼光和精湛分析，并深深地感觉到，尽管这一研究主要
反映的是 20 世纪东亚的状况，尽管它带有美式学术研究的特
殊印记，但它仍是一本经得起时间考验的杰作。在此，要感
谢启真馆的出版魄力，也要向引领我走上学术道路的杨利慧
教授致敬，并祝愿曹雪萍在新的工作岗位上大有作为。

　　本书涉及的范围与知识极为广博，既谈到了全球化时代的
社会政治，也论及大量东亚的文化历史。因此，它的翻译并不
是一件容易的事情，我的工作前后持续了近一年时间，历经一
译三校。在翻译的过程中，一些友人帮助良多：在联合国工作
的曹正东、香港中文大学人类学博士候选人丁玲、北京师范大
学古典文献专业博士生裴云龙、日本神奈川大学历史民俗学科
硕士生黄少博、中山大学民俗学博士候选人林海聪，从事英语
教学的刘力菀，以及我的女友首都师范大学文艺学博士张岩等
人为我解答了很多关键性的问题，在此一并致谢。

　　在翻译的过程中，我也参考了台湾译本《饮食全球
化：跟随麦当劳，深入东亚街头》（早安财经文化出版公司，
2007）。不得不说，这是一个奇特的版本，全书并未标出译者，

且按照通俗化的运作删去了部分篇幅，但流畅的译笔对我启发良多，在此向那位不知名的译者致意。

特别要感谢社科院文学所的刘跃进、陆建德、高建平、杨槐、蒋寅、胡明、黎湘萍等老师和博士后管理处的领导，他们为我提供了充裕的物质条件和鼓励，让我能够无顾虑地从事科研。博士后合作导师安德明一直指导、关注着我的学术研究，我的同事兼师长们：吕微、户晓辉、施爱东、邹明华、乌日古木勒，社科院民族文学所的朝戈金、巴莫曲布嫫，民族学与人类学所的尹虎彬等也对我帮助良多，在此致以深深的谢意。

本书的翻译和出版离不开周红聪编辑的悉心规划，周红聪是我在北京师范大学的师姐，也是 个称职负责的编辑。她的专业知识与素养使这本著作增色不少，感谢她为本书付出的劳动。

最后，要感谢我的祖母、父母和张岩，他们默默的支持是我前进的动力。遗憾的是，2014 年底，85 岁的祖母猝然离世，令我悲痛不已。谨将此书献于她老人家灵前。

限于译者的水平，本书的译文难免有错漏之处，还请读者多多批评。

图书在版编目（CIP）数据

金拱向东：麦当劳在东亚／（美）华生主编；祝鹏
程译 . —杭州：浙江大学出版社，2015.3
ISBN 978−7−308−14131−4

I.①金… II.①华… ②祝… III.①饮食业－企业
管理－经验－美国 IV.①F719.3

中国版本图书馆 CIP 数据核字（2014）第283303号

金拱向东：麦当劳在东亚

[美] 詹姆斯·华生 主编　　祝鹏程 译

责任编辑	周红聪
营销编辑	李嘉慧
装帧设计	八月之光
出版发行	浙江大学出版社
	（杭州天目山路148号　邮政编码310007）
	（网址：http://www.zjupress.com）
制　作	北京大观世纪文化传媒有限公司
印　刷	北京中科印刷有限公司
开　本	880mm×1230mm 1/32
印　张	8.25
字　数	137千
版 印 次	2015年3月第1版　2017年12月第2次印刷
书　号	ISBN 978−7−308−14131−4
定　价	39.00元